学习型组织的实践理论

Theory In Practice

Chris Argyris
Donald A.Schon

[希]克里斯·阿吉里斯
[美]唐纳德·舍恩 著

包云波 译

九州出版社
JIUZHOUPRESS

新版导言

在《学习型组织的实践理论》一书中，我们着力理解和分析人类行为的特征，尤其是发生在组织等社会系统中的人类行为。从一开始，我们就关注如何创建事件，而不仅仅是观察它们。我们的理论不仅仅与行为本身有关，也关注如何创建行为。此外，我们偏重于设计和贯彻能够为现状提供替代选项的行为。因此，我们工作的重点（以后也会继续）是提供引发个别事件的介入措施。

随着我们思维的不断进化，学习成了一个关键的构建要素。我们通过结果和过程两个方面定义学习。在我们的研究中，我们从未有意割离二者。这是因为能够引发个别事件并最终将其变成新状况（这种新状况本身也以学习为导向）的有效介入措施涉及结果和过程两方面。

我们辨析了学习的两种结果：第一，意向和效果的匹配（学习者之前从未达成这样的匹配）；第二，检测和纠正错误的匹配。在这两种情况下，衡量学习的标准不仅包括对观念和设计的构想，同时也包括执行。当你知道某些事情时，当你可以做出你所说的"知道的事情"时，如何进行判断呢？

我们将学习的过程分解为：发现（或诊断）问题、发掘解决方案、创建解决方案和监控执行过程以强化有效性。（监控可能会引发新的发现。）这个过程存在于个人、群体、群体之间以及组织等各个层面。这个过程由人来执行，但是他们能够执行哪种行动以及如何执行会受到行为环境的重大影响。

本书的反响

《学习型组织的实践理论》的读者群广泛，包括咨询师、组织发展领域的从业者、教育行业从业者，尤其是对继续教育感兴趣的人。

对于大多数读者来说，本书激发了读者将观点付诸实践的学习激情。此外，本书也广泛引发了一些误解（我们对此也负有责任）。例如，很多读者将第 II 型理论误解为"开放"，或者将第 II 型理论误解为麦格雷戈 Y 理论的另一个版本。的确，跟麦格雷戈的研究相似，我们对行动视角的理论强调自由明晰的选择、有效的信息和内在的承诺。这些观点是库尔特·勒温（Kurt Lewin）"民主群体氛围""人际效能"和"行动中研究"

等理论的发展。不过,麦格雷戈所做的是一系列针对人际、群体和组织行为的人类关系研究,着重关注在潜在冲突观点中形成的共识,以及用参与式管理取代传统的独裁式管理的观念。相比之下,《学习型组织的实践理论》着重发展勒温思想中的探究导向部分,强调提供和获取有效信息,创造产生内在承诺的条件,让行为者以及受行为影响的各方形成自由明晰的选择。根据归因理论,我们认为归因行为通常是私密的。(例如,"你表面上似乎同意我,但事实上隐瞒了大部分真实的想法"。)我们将人际行为模式体现了行为理论的观点推进了一步。这些行为通常是心照不宣的,而且个人早年就已习得并且将一直持续下去。我们区分了这些使用理论和人们常用来解释行为的信奉理论。我们强调人际行为之间的交互性,即价值观内嵌于这些使用理论中,并且由行为主体和受行为主体行为影响的人共同制定和贯彻。

很多《学习型组织的实践理论》的读者未曾意识到自己日常的行为模式(这种行为模式几乎都属于我们描述的第 I 型)与他们所坚持认为的第 II 型行为理论之间存在巨大的差异。当人们认识到这种差异之后,他们往往会感到震惊和惊愕。第 II 型理论就像是空中楼阁一样,不仅在充满争斗的日常组织生活中显得不切实际,而且在自身和他人的行为中很难以个别事件出现。但是,对于一些读者来说,从第 I 型到第 II 型的转型挑战极具吸引力，甚至不可避免。这些读者在实践时需要帮助，他们需要知道如何实现过渡。同时，他们也对我们在《学习型组织的实践理论》中所阐述的最终结果和实现途径提出了挑战。

我们进一步的研究

在 1974 年到 1991 年之间，我们从四个不同的角度发展了最初在《学习型组织的实践理论》一书中提出的观点。首先，我们研究了个人学习和人际学习之间的关系，以及组织可能成为第 II 型环境的过程。其次，我们在造就专业知识的更广泛的理解系统中关注了人际使用理论，并关注了教育中的行动理论与舍恩称之为"反思性实践"理论之间的关系。再次，在行动理论方面，我们关注了组织教育研究人员、咨询师和管理人员，以及行动理论在组织发展变化中的应用。最后，我们集中研究了对教育有重要意义的一种行动。

组织学习。 我们首先关注了对一家创业公司的研究，这家公司学习使用第 II 型行动策略并最终帮助它所有的下属公司实现这一点。这项研究对于我们指导个人和组织学习第 II 型（我们称之为 OII 学习系统）颇为有效。

在探究过程中，我们开始更加明晰地理解使用理论及相关的思考和感受模式。阿吉里斯开始在他的研究中教授行政主管设计和推行实验进而测试自己的新式管理方法。这些方法与原来的方法相比更加严谨。他发现参与者像是受到了威胁一样，表现出防御性倾向。阿吉里斯质疑他们的认知时，也对他们的能力和自信提出了挑战。他继续和这些行政主管合作，之后他描述了这种揣测，尤其是随意的揣测与他们的防御策略和感受有关，并将其与第II型相关的"生产性"推理和感受区分开来。

在参与阿吉里斯的研究过程中，这些行政主管的关系日益密切。在研究结束后，行政主管们形成的支持小组至少维持了12年，其中大部分人到现在依然保持着联系。有些人甚至加入了对方的董事会。阿吉里斯同意帮助他们在组织内部推广他们的学习。然而，他很快就意识到他缺少完成整个项目所需的大量介入研究员。因此，他不得不把研究限制在其中的两个组织。

在阿吉里斯开展研究的同时，舍恩也依照行动理论的视角在巴西开展一系列面向研究型组织负责人的培训课程。这两个项目的经验验证了我们在《学习型组织的实践理论》后期开始意识到的问题：无论是个人学习、人际学习还是组织学习，理论和实践之间存在着巨大的差异。我们发现对于组织层面的学习，我们缺乏一个系统的视角，因此有必要将个人层面的研究扩展到组织层面。我们为组织使用理论和组织学习建立的模型在《组织学习》一书中得到了允分的展现。书中我们试图弄清楚个人和更大型系统中各变量之间的关系。我们通过有限学习系统（第 I 型）和"良好辩证"（第 II 型）等概念进行研究。这意味着，我们展示了具有第 I 型使用理论的人如何创建主要是单环学习的组织学习系统。我们也明确地指出，一种局限性较小的学习系统（存在于任何社会单位中）可能具备良好辩证的特征。我们认为，创造这一系统的必要条件是帮助个人学习第 II 型。虽然单纯的第 II 型还不足以让组织获得双环学习的能力，但它能够让组织成员更有效地探究组织的战略、结构、信息系统以及其他相关领域。

介入研究者、咨询师和其他行动理论从业者的教育。 在个人不仅能够学习概念，而且能够实践所需技能的前提下，研究日益显示我们帮助个人学习第 II 型的限制来自我们教授更大群体（即 25～100 个参与者）的能力。意识到这个问题后，我们开始了一项结合了教学、介入和组织变化等领域的新研究。在《推理、学习和行动》一书中，阿吉里斯详细地描述了如何使用课堂提供试验性和概念性学习。

这个方向的探究在几个不同领域的研究中得到了延续。例如，阿吉里斯曾经为一个大型企业开发了一个项目，参与这个项目的管理者及其直接下属需要共同合作，开发企业的长期战略。当管理者学习了第 II 型后，他们审视了推动组织内部双环学习战略的驱动力，并在回到企业之后创建了一个擅长战略学习的组织。

在我们 20 年的研究中，组织学习乃至整个社会学习的观念逐渐流行起来。如同追求卓越和质量（早些时候的革新和灵活性），"学习型组织"这样的观念已经成为公有、私有以及非营利性组织改革的口号。

阿吉里斯进行了大量针对咨询公司的研究。他认为，公有和私有组织在组织学习的过程中越来越多地去请教咨询公司。为了研究咨询公司，他考察了咨询师作为双环学习者的角色、他们与客户之间的关系以及在咨询公司和客户组织内部抗拒学习的防御行为。

在帮助个人消除防御心理，习得第 II 型更加清晰、更具创造力的思维过程中，阿吉里斯发现，战略和财务等管理制度实际上可以用来管理组织的行动理论。研究者已经建立了一套相对缜密的说明，用来解释如何运用这些理论，以及如何发现并更正过程中可能出现的错误。在人际行动理论中，这些制度常见的一个关键特点是它们的因果推理：推理需要理论的实施。这些制度另一个共同点是其设计者尽可能清晰缜密地阐述其中的因果推理。

当这些制度被正确或错误地实施，对参与者造成尴尬或者威胁时，一个有趣的困境就产生了。在这种情况下，参与者激活他们的第 I 型技巧，并躲藏在他们的 OI 防御行为背后。因此，当战略（或其他因素）要求执行者坚持缜密地思考时，与第 I 型分析一致的是，他们会产生强烈的防御性推理，责备组织的战略程序和防御性惯例。

当咨询师发现客户的防御性思维时，他们会相应地产生尴尬和威胁感。可预见的是，这也会激活他们的第 I 型因果推理。这一切往往会限制客户与咨询师的学习潜力，引发客户和咨询师之间的相互责备。研究组织发展领域的研究人员在遇到同样的情况时也会增强其防御性。具有讽刺意味的是，当受到威胁时，信奉学习、信任和互相依靠型的人表现出与此相反的特质。即使组织以外受到大家尊重的人也是如此。这些表明信奉理论和使用理论之间的鸿沟并不是因为缺少培训或上级监督的组织管理造成的。

行动研究。我们研究的另一项重要主题是介入研究员的教育。我们在哈佛大学和麻省理工学院开设了研讨班以发展具体的研究技巧。我们教授研究生如何从组织介入中获取数据进行研究，以及如何为此类介入措施提供及时有效的信息和想法。

阿吉里斯在与学生合著的《行动科学》一书中描述了这一过程。1990 年，阿吉里斯和舍恩在一篇未发表的论文《普通科学和行动科学比较研究》中对这一过程进行了更为理论性的阐述。此后，舍恩在他的论文《组织的因果关系和因果推理》中又进一步发展了这一理论。

行动科学是由库尔特·勒温发展起来的一种行动研究。不幸的是，勒温的后继者偏离了他的研究初衷。勒温关注的是能够在实践领域使用的研究手段，为理论提供一个可靠的测试手段。此外，科学家能够帮助人类创造更为美好的生活，人类能够掌握自己的命运，勒温如是想，约翰·杜威（John Dewey）也如是做。勒温和杜威都非常关注民主，都提出了严谨的民主理论，而且都推行了一系列介入手段和试验去验证自己的理论。他们关注"解放选项"，这与很多学者宣称选择的重要性，研究却让现状愈发食古不化——即第 I 型和第 OI 型世界形成了鲜明的对比。

在写作本书的同时，阿吉里斯正在完成《行动科学》的续篇《行动性知识》。阿吉里斯认为，实用性知识和行动性知识之间存在差距。前者告诉你什么是相关的，后者告诉你如何将相关的知识落实到日常生活中去。《行动性知识》用大量篇幅描述了一个持续了五年（而且至今仍在进行）的行动科学研究。阿吉里斯做这项研究的主要目的是诊断并减少组织政治，特别是来自组织最高层的。他的第二个目的是在咨询师遭遇困境或被客户抵制时，帮助咨询师更加熟练地运用他们的"技术"知识。阿吉里斯的第三个目的是在咨询公司内部创造学习系统，使其成为一个连贯的双环（和单环）学习组织，并帮助公司的客户达到同样的目的。

反思性实践。 从 20 世纪 70 年代至今，舍恩的研究和教学主要围绕三个方面：一是能力强的从业者在工作中体现出来的知识本质；二是与专业性极强的实践相关的能力；三是已成型的专业教育模式的缺陷。在其两本著作（他的原意是将其合二为一）《反思型从业者》和《反思型从业者的教育》中，他对当时盛行的技术理性概念提出了质疑。技术理性认为实践性知识主要通过调整适当的指标以预先设定目标；当实践性知识以系统性知识，尤其是科学性知识为基础时，就会成为专业知识。舍恩还对技术理性造就的专业教育方法提出了质疑，这种教育方法曾被埃德加·沙因（Edgar Schein）称为"标准化专业课程"：首先教授人们相关的基础科学，其次是应用科学，最后才是应用这些知识解决日常实践问题的实习。舍恩认为这个模式应该被彻底改变。他指出，我们所认为的实践知识的大部分内容包含隐性的行动中知识以及从业者就突发状况展开现场反思和实验的能力，舍恩称之为行动中反思。他将这种知识与日常实践中建立在假设基础上的反思区分开来。舍恩认为，专业教育的中心任务是构建"我们已经知道的知识"，也就是说清晰地获取优秀从业者在处理实际问题时的洞察力、价值观和行动策略。舍恩称，这种具有累积性、未经系统性阐述的知识不仅是实践成功的原因，也是它们受阻的原因。专业教育面临着双重挑战：一种是发展应用科学；另一种是结合行动中知识和行动中反思。

在这种专业知识和专业教育的概念中，舍恩赋予了行动理论极为重要的地位。人际使用理论有助于确定从业者如何获得技术知识，以及如何将其有效地运用到与客户及合作方的关系中。因为第 I 型使用理论往往导致从业者陷入僵局，因此要想提高专业绩效，就要对使用理论进行反映。另外，防御会抑制从业者从整体上对其实践知识进行的反思和转化。因此，要将实践和专业教育领域的反思性探究转化为实践性知识，创建防御相对较少的第 II 型行为环境很重要。

我们的教学以及学生的研究

要践行《学习型组织的实践理论》提出的观点存在一定的困难，因为本书的首要目的是根据阿吉里斯和舍恩多年来进行的介入性实践，构建一种理论。重要的一点是，实践已经先于理论发生了。但是《学习型组织的实践理论》拓展了早先的研究，并以一种崭新的方式显示出实践中存在的问题。

从 20 世纪 70 年代早期开始，很多想对本书做进一步了解的学生、从业者和教师纷纷找到我们，寻求实践自己观点的帮助。为此，我们开展了许多教学和咨询活动，并以这些活动为基础进行相关的研究。通过这些途径，也能帮助我们的博士研究生对我们的理论进行测试和拓展。

我们的教学实践包括了阿吉里斯从20世纪70年代早期到90年代早期在哈佛大学教育研究生院和哈佛商学院开设的课程,以及20世纪70年代后期到80年代早期,我们共同开设了几年的行为理论高级研讨班。我们的合作工作还包括在挪威、多伦多以及得克萨斯大学进行的行动理论研讨讲座。我们接触过的一些博士研究生以及访问学者发展了该理论,并加入了自己的见解,例如美国的戴安·阿吉里斯(Diane Argyris)、威廉·伊萨克斯(William Issacs)、菲利普·麦克阿瑟(Philip McArthur)、罗伯特·普特南(Robert Putnam)、戴安娜·史密斯(Diana Smith),法国的威姆·奥佛米尔(Wim Overmeer),意大利的克劳迪奥·吉博拉(Claudio Ciborra),加拿大的罗恩·史密斯(Ron Smith)以及新西兰的薇薇安·罗宾森(Vivian Robinson)。

在过去几年里,我们的学生在博士研究中探讨了行动理论的不同特征。其中部分学生研究了第II型所带来的哲学问题。例如,乔伊纳从库尔特·勒温一直追溯到古希腊哲学家,用协同探究的观点探索了第II型行为的哲学基础。其他人则把行动理论运用到个人和组织发展领域中。例如,格劳斯设计并实施了一套可以促进个人和组织学习的咨询师—客户关系模型。史密斯提出了冲突解决方法的类型学,她把行为理论方法和那些把人际冲突看作个人发展机遇的方案归为一类。奥佛米尔分析了一家大型房地产发展公司的第I型组织环境,以及其如何影响公司的战略学习。其他学生则着重研究了从第 I 型转化为第 II 型的过程中会出现的问题。塞勒斯诊断了一个激进组织惯用的防御性行为，这些防御性行为的出现就是为了应对其专业领域内的防御性行为。普特南提出了一种新途径，用于理解学习第 II 型行为时出现的阻碍，以及克服这些阻碍的启发法。伊萨克斯描述并分析了将第 II 型理念整合进企业愿景时出现的困境。

得到论证或尚未论证的部分

《学习型组织的实践理论》从首次出版至今已经有近 20 年的时间了。在这段时间里，世界范围内发生了巨大的变化。本书涉及的研究和实践领域也发生了巨大的变化。因此，有必要论证本书的哪些部分依然是正确的，哪些部分已经过时，哪些部分需要进一步完善。在众多需要考察的因素中，我们主要聚焦于以下四个方面：

1. **描述人际行为的概念框架。**《学习型组织的实践理论》提出了个人和人际行为的总体框架，这是介绍第 I 型和第 II 型理论的基础。在该框架的要素中，有几个要素对我们来说依然是有用的：将行动理论看作行动知识的一个描述单位，信奉理论和使用理论的区别，行动理论和行为世界的关系，行动理论的动力学及其与单环和双环学习的关系。

在之前这些观念的基础上，我们又加入了新的特定观念：阿吉里斯的习惯性防御以及他对防御性推理和建设性推理的区分，舍恩的行动中知识、行动中反思以及反思性实践。这些新的发展弥补了我们早期理论的空缺。不过我们认为，后来的理论和早期的理论在本质上是一致的。例如，习惯性防御代表了一种使用理论。而行动中反思则是某种使用理论实例化、发展和修正的过程。

2. **第 I 型的普遍性。**与 1974 年相比，我们拥有的数据更加丰富。我们对 5000 多人进行了使用理论的研究（其中一半是女性）。这些人的教育程度和经济状况各不相同，有的在公有制或私营企业中工作，有的则是个体户。他们大多数人的行为跟第 I 型相吻合，而且大多数人都没有意识到这一点。

我们参观了很多组织。这些组织的领导者告诉我们，他们遵循的是第 II 型，组织内部不存在习惯性防御行为。到目前为止，我们发现事实并非如此。大多数组织都存在强大的习惯性防御行为，尽管这些组织并不提倡这种做法。

我们通过四种途径判定个人的使用理论：要求他们记录案例、观察他们对我们提供的案例的反应、观察并录制参与者的行为、对我们不在场时录制的音频进行研究。虽然我们在不同的情境下运用了不同的判断方法，却得出了类似的结论，这也加深了关于第 I 型行为普遍性的观点。

最终，我们发现可以在不影响研究结果的情况下，公开地与人们谈论第 I 型和第 II 型行为。事实上，一组人的案例可以提供给另一组人进行分析，这样就给予了他们从另一组人的"错误"中学习的机会。我们发现研究对象无法摆脱第 I 型使用理论的限制。

我们想声明的是，我们并不是在说所有人的行为都是"一样的"。相反，我们想说的是尽管人们的行为差异很大，但分析他们的使用理论并非如此。例如，人们会用不同的方式来"留面子"，但其中的使用理论却是同一个：避免尴尬或威胁，并进行假装。我们认为这一论断对研究和实践都具有重要的意义。这意味着最重要的研究因素并非行为，而是导致人们采取不同行为的使用理论。因此我们相信，主要任务是建立作为使用理论基础的概念模型。至于实践，以上的结论意味着从业者能够通过关注自己的使用理论受益，尤其是使用理论中所蕴含的因果关系。

3. 第 II 型可以习得和教授吗？到目前为止，我们的研究经验表明，大多数人可以习得第 II 型。跟其他事物一样，人们可以通过各种方式、或快或慢地学习第 II 型。总的来说，我们相信，有强烈意愿学习第 II 型的人具备两种重要的特点。首先，这些人在学习第 II 型行为模式时，只要反馈意见不会产生众多防御心坦，他们就能够听取关于其犯错的意见；只要能够指出这些错误,他们就能努力地加以纠正。其次,只要他们接收了合理的、具有建设性的意见,他们就会倾向于"坚持"学习。例如,即使他们尝试的每一种行动似乎都是错误的,并且导致他们停滞不前,他们也意识到承认陷入困境对于学习的重要性。他们愿意不断尝试新的行动,以改进自己的行为。他们虽然也容易受伤,但绝不软弱。

对于学习第 II 型最核心的实践并不是例行的重复,而是制定行动的试验。这需要学习者具备一定的运用抽象概念的能力,因为学习者需要将自己的行动与第 II 型等抽象概念进行对比。

我们还发现,当人们熟悉一种新型的使用理论时,他们会改变关于使用理论的价值观(与信奉理论相对)。要观察某人是否坚持某种新的价值观,就必须看其是否据此价值观行动。此外,对于学习非常重要的一种实践是不断试验与新价值观相符的新行动策略。当第 II 型行动策略服务于第 I 型价值观时,结果将哗众取宠。

实际上,正在处理棘手问题,尤其已经被回避或掩盖的问题的人能更有效地学习第 II 型。学习第 II 型的最有效情境是个人面临生活中最重大的问题,并预感这些问题难以解决或讨论。在这样的情形下,当需求最为强烈时,必要的学习才最有可能发生。

4. 第 II 型包含了多少我们的理念?这个问题,我们已经花了大量篇幅讨论，但对于严肃对待第 II 型的人来说，却不可回避。显然，第 II 型关系到与社会生活和道德哲学传统密切相关的价值观：选择自由、真理和可测性、承诺的本质、个体间开放式交往的可能性和局限性、人与人之间信任和合作的基础、个人长期高效的资源等。同样清晰的是，对人类生活很重要的问题同样超出第 II 型的边界线：例如审美、幽默、讽刺、性爱和精神等。这并不是说当发生这些事情时，第 II 型就不灵验了，事实上，当我们面对这些问题时，第 II 型是非常关键的。这其实只是因为，第 II 型只局限于探究人类生活中人与人之间的层面。它关注的是如何创建和测试归因，提高方案的可讨论性和可测试性，为明智的选择提供条件，提高冲突和竞争产生积极合作的可能性。这些都是它关注的问题，尤其是在尴尬、威胁和耻辱通常会颠覆探究的时刻。人类生活无法逃脱这些问题，它们也无法穷尽对人类生活有意义的领域。

序　言

　　1971年夏天，查尔斯·布朗（Charles E. Brown）发起了对学校教育管理人员培训项目的改革。他请我们两人考虑一下如何在计划实施的介入中帮助学生变得更加高效。他们需要什么样的技能？什么样的经历能够帮助他们习得这些技能？

　　我们对这项任务非常感兴趣，因为我们之前的工作重心是促进咨询师的有效工作，建构能够影响实践的理论。当我们开始设计项目时，我们遇到了令我们困惑但又兴奋的问题。我们的首要目标是将理论和实践结合起来，并让理论在认知学习中发挥作用。但这引发了新的根本性问题。例如，我们能够轻而易举地识别管理者要求的技能——规划、交流、谈判、倾听和组织，但是随着项目的开展，我们越来越不敢确定技能一词的真正含义，以及哪些因素会阻碍人们获取技能。

　　在项目初期，我们开始认为技能就是行为的程序。但是聆听或谈判等技能都包含了些什么？显而易见的是，这些程序的信息内容是极其丰富的。即使是那些善于谈判或倾听的人也未必能够向别人解释自己的程序。

从这个角度讲，技能和介入策略并不存在明显的差异。两者都需要掌握认知内容，执行任务的能力也都要超越业已成形的相关知识。于是，我们开始使用介入理论（theory of intervention）这个词，并最终用行动理论（theory of action）一词代替了技能和策略。

我们的结论是，要想在学校改革中提升他们的作用，参加培训的管理人员需要学习新的行动理论。这将与 T 小组（培训小组）和感受交流小组所强调的影响性经历形成鲜明的对比。这些影响性经历通常来说对参与者有所作用，但是无法帮助他们阐述自己所学的知识，并把这些知识传授给其他人；也无法在之后运用这些经历时使经验服从于有意识的批评。

我们认为人们在学习新的行动理论时所遇到的困难并不是来自新理论本身，而是人们已有的决定实践的理论。我们把这些操作性行为理论称为使用理论，并与之前用来指导人类行为的信奉理论区分开来。我们想知道学习新行动理论的阻力是否来自保护旧的使用理论。

我们发现，大多数人并不会意识到自己的态度会影响行为，也不会意识到自己行为给他人造成的负面影响。他们的使用理论让他们对自己的低效程度视而不见。例如，在我们观察到的很多案例里面，虽然甲能看到乙的使用理论与乙的信奉理论不一致，但是甲的使用理论会阻碍他关注这种不一致性。甲可能会保留自己的观点，要么是出于恐惧（如果乙拥有比甲更大的权力），要么是因为社会教会了他这种圆滑机敏的做法。对信奉理论和使用理论不一致性的忽视可能是文化因素或者个人因素造就的结果。在这样的情形下，再教育就要详述现有使用理论的模式。

关于这些问题的观点成就了本书的主要结构。第一部分回答了如下问题：什么是行动理论和使用理论？它们阐述了什么问题？现状如何？它们与其他理论有什么关系？它们代表了哪种知识？对于想理解我们观点源泉的读者，这部分不可不读。

第二部分针对以下问题：决定我们介入效果的特定使用理论有哪些？不同人和不同情境下使用理论的差异是怎样的？它们是否存在相对稳定的模式？如果存在的话，这些模式如何影响介入行为的有效性？对于关注人际和专业行为有效性和非有效性的读者，这一部分颇为有趣。

在第三部分中，我们讨论了学习的策略和环境：我们如何学习新的行动理论？在什么样的条件下，我们最有可能去学习运用让介入行为高效化的使用理论模式？这些观点如何关联专业教育以及对限制有效专业实践的流行行动理论的诊断？对于关心学生专业能力和社会能力的教育者来说，这一部分应该具有参考价值。

对于这些问题，我们尝试进行了回答，其适用范围远远超过了学校改革和教育管理者的培训。它们有助于建构各种类型的有效互动，有助于识别专业教育改革的根本性社会问题。关于专业教育改革问题，已有学者进行了几项重要的综合性研究（Cope and Zacharias，1966；Mayhew，1970，1971；卡内基高等教育委员会 Carnegie Commision on Higher Education，1970；Gorden and Howell，1959）。我们不会在以下的篇幅中赘述这些研究，但在这里我们想阐明这些研究与我们观点之间的关系。这些研究提出的改革建议在很大程度上并不冲突。它们包括缩短取得文凭的规定时间；设计更加灵活的课程，减少必修课，让学生有更多的选择权；增加行为科学和信息计算机科学类课程；强调实践经验在许多专业课程中的重要性。我们的理论框架或实证研究与以上观点几乎没有直接联系。这些研究提出的多数建议是针对以下的因素：专业需求、学生的相关需求、来自其他领域的巨大潜在贡献或教育成本的上升。我们对专业教育的建议则以我们阐述的实践理论为基础，它们并不与上述研究的临床经验和建议相矛盾。我们讨论了高效介入行为的基本特征、高效专业实践的构成因素以及专业学校可以采取哪些措施改善学生培训、课程设计、临床实践以及从业者的再教育等。

我们观点的价值在于，我们对专业教育的设计并不以社会需求、教育成本和学生不断变化的需求为基础。这些因素固然重要，却是专业教育本质的外在条件；而且它们并非来自专业实践角度，而是来自特殊利益集团影响下的实践要求。

社会和教育中有几种力量已经帮助人们消除了阻碍人们对专业实践展开系统化思考以及阻碍行动和思想一体化的障碍。20世纪60年代的混乱增加了问题取向型研究面临的压力，也加速了不同领域知识的进入。例如，人性形象开始被重新构建。以力比多为核心、行为受性驱动的弗洛伊德概念慢慢变成人类受能力和高效需求的驱动。此外，我们看到人类动力的来源之一是挑战机遇带来的心理成就感，因此高效可能与心理健康存在联系。

随着人性本质越来越多地与能力相挂钩，它也越来越活跃。人类不仅受基因和环境的限制，同样也对其如何使用自己的天赋以及所创造的世界负责。

将个人行为与其所在世界的现状联系起来，我们就能探索环境如何影响其创造者。我们也会意识到这取决于人们如何感受环境，而人们如何感受环境取决于人们如何构建环境。个人从根本上应该对环境的影响负责是因为我们通过建构的经历来学习。

这些观点起源于性格心理学和认知心理学，并整合了各种现存的哲学观点。这些哲学关于人的观点也正是人对其命运负责，人应该尽量做命运的主宰，而非受命运摆布。人应该主动而非被动，应该勇于承担责任而不是软弱无助。

最后，对高效组织本质的研究开始显示组织正在衰亡。低效、高成本、产品质量和服务下降的出现是因为组织的最初设计忽视人性、忽视个人的感受和大部分能力，以及不停剥削。

减少这些组织衰退的新设计基于这样的理念：人是有责任心的、有个性的、对组织有内在承诺。这样做的部分原因是组织可以赋予工作意义，同时也是因为新设计可以改善组织内部的生活质量。

我们希望通过本书为知识力量做出贡献。我们的行动理论能够提高人类活动，增强其责任心和自我实现，促进学习，提升工作效率。通过这些，才有可能防止组织进一步衰退，并让其朝着学习和健康的方向发展。我们认为，人会积极地寻找掌握自身和周边环境的方法，并因此让组织更有效率。如果我们要实现以上的目的，我们就必须了解和掌握人类行为的信奉理论和默会理论。

我们要理解如何诊断并建构我们的经验，采取行动，监督行为并达到目标。这对于理解效率和提升效率至关重要。如果我们能够学着以不同的方式行动，并坚持这些新的行为，我们就能开始创造一个新世界。本书将介绍如何设计新的学习环境，并让其朝着这样的新世界进发。

目 录

新版导言 / i

序 言 / xix

第一部分 理 论

第一章 行动理论 / 3

第二章 评估行动理论 / 25

第二部分 行 动

第三章 诊断使用理论 / 47

第四章 第 I 型 / 79

第五章 第 II 型 / 107

第六章 从第 I 型到第 II 型的转型 / 121

第七章 学习第 II 型行为 / 139

第三部分 实 践

第八章 专业教育的问题 / 175
第九章 对专业能力和专业实践的启示 / 195
第十章 重新设计专业教育 / 215

致 谢 / 241

注 释 / 243

学习型组织的实践理论

第一部分
理　论

第一章

行动理论

如何有效地将思维和行动结合起来,多年来一直困扰着哲学家、社会科学家和专业从业者。这是我们这个时代最普遍也最难理解的问题之一。学术研究却对其不屑一顾,认为这个问题太过实际、太职业化了。

我们认为,很多激动人心的知识问题都与将思维与行动整合有关。有效的行动需要知识的普遍传播,它超越传统知识,拥有各学科所需求的能力和严谨性。这是一项艰巨的任务,不仅是因为学者很少从事跨学科研究,而且很少有学者愿意创造这种知识或接受这样的教育。少数从事跨学科研究的学者经常会遭到同事的质疑。

正如黑文斯(Havens)所说的那样,同一职业和学科的学者更无法互相理解:他们通过组成阵营互相竞争来保护自己,忽略相关的理论，就为了捍卫自己局限的理论。因此，研究与实践结合的关系长期无法实现。

思维和实践整合的另一个重要阻碍是严谨研究目前的概念。与真实生活问题无关时，严谨研究才会发挥效用，例如研究人员可能要花几年时间研究一个在生活中只需要花几小时就能做出的决定。这样的严谨研究是基于诊断性技术，它忽视或无法应对真实情形下有效行为的特点：数据不得不舍弃、获得的反馈可能并不可靠、一些预测不得不接受。而这些恰恰可能是行动的精髓。

所有人——不仅仅是专业从业者——都应该有效地采取行动，并对这一行动反思，从而进行学习。在接下来的篇幅里，我们将通过分析决定人类所有有意识行为的行动理论，以及这些理论如何形成、如何改变、它们的有效性和无效性等，提供一个概念框架。在之后的章节中，我们用这一框架阐述一种决定专业从业者实际行为的行动理论模型——第 I 型。然后我们从两个角度分析这个模型：坚持这一行为模式的人的行为有效性以及这种模型对自我学习行为能力的影响。之后我们提出第 II 型。与第 I 型相比，第 II 型更有助于有效性和学习。此后，我们探讨从第 I 型转向第 II 型时可能遇到的问题。

对专业实践理论的最好解释是决定所有有意识行为的行动理论的特例。不管如何阐释行动理论，首先它应该是一种理论。

第一章 行动理论

它最普遍的特点是所有理论所共有的特点，所有理论都适用的标准——例如普遍性、关联性、一致性、完整性、可测性、集中性和简化性。[1]

无论起源是什么，理论就是理论。理论包括实用的常识性理论，也包括学术性或科学性理论。理论不一定会被接受，也不一定就是好的或正确的。它只是一系列针对同一对象，即理论主题的相互联系的命题。这些内在联系通过命题的逻辑关系体现出来：理论中某个命题的改变会导致同一理论内部其他命题的变化。

理论是解释、预测和控制的载体。解释理论通过提出有关事件推论的命题来解释事件，预测理论提出命题以推测未来可能出现的事件，控制理论阐述事件可能发生的条件。不管是哪种理论，它们都是"如果……，就……"。

用来构建解释、预测和控制人类行为的理论跟其他类型的理论有很多相似之处。但是它们是关于人类行为的，也就是说关于人类行为是否可以纠正，是否受思维影响，这就使它们拥有了特殊的特征。

我们可以观察和解释人类的行为，就像是鱼和潮汐的行为一样。例如，"当人口密度超过上限时，人们就会变得更具攻击性"。在这里，"如果……，就……"的关系是人们可以直接观察到的现象。但是，我们还可以将有意识的人类行为认为是人们所相信的行动理论的结果。在这种情形下，我们可以通过他的行动理论解释和预测他的行为。例如，我们可以将一位辅导员处理调皮学生的方式归结于一个理论："首先必须要用孩子的语言跟他们沟通，并让他们知道你理解他们，然后设置一个你可以容忍的上限，只有此时你才去寻找困扰他们的问题。"所有这类行动理论都有一个相同的模式：在 S 情形下，如果想要得到 C 结果，就要采取 A 行动。

当然，如果我们只采用如此简单的形式，行动理论是站不住脚的。它们取决于一系列已说明或未加说明的假设。在之前的例子中，我们应该加上："……是否能够用学生的语言跟他们对话，是否在第一次接触时就表现出敌意，是否有行为越界的迹象。"一整张假设清单要包括行为可以产生渴求结果的所有条件。这样的清单可能会很长；事实上，你永远都不可能确定是否列出了所有的条件。一个行动理论的全面设计可能要改成下面的形式：在 S 情形下，如果想要得到 C 结果，在 $a_1 \cdots a_n$ 的前提下，就要采取 A 行动。

主观地讲，我的行动理论对我来说是规范的，也就是说这种理论阐述了如果我想要得到某种结果就应该采取的行动。这是一种控制理论。不过其他人也会用一种行动理论解释他所观察到的我的有意行为。从这种意义上看，行动理论也具有解释性和预测性。我们通过一种行动理论解释和预测一个人的有意行为。² 行动理论是关于人类有意行为的理论，对于行为主体来说，这是一种控制理论；但当应用于行为主体时，也能用来解释和预测其行为。

我们已经用特定的情形 S 以及在这种情形下想要达成的特定结果 C 来定义行动理论。我们现在需要将行动理论和实践理论结合起来。实践是某人对他人即客体采取行动的结果。一个行动序列中的行为都可能与另一个行动序列行为相似，但是从某种意义上说，每个行为都有自己的特点。例如，在医学中，典型的行动序列就是诊断、急性病的治疗、婴儿看护、慢性病疗养和咨询等。

因此，实践理论包括一系列相互关联的行动理论。这些行动理论是在特定的实践情形和前提下，要达成预期目标结果所需采取的行动。³ 实践理论通常包括提高行为有效性的介入理论，这些理论可能根据不同的介入角色而产生差异——例如咨询与教学的区别。

第一章的余下部分将会讨论行动理论。这是因为行动理论是实践理论的基础。如果不理解行动理论就无法理解实践理论。

使用理论

当问到某人在特定的情形下将如何行动时，他给出的答案通常是此人在那个情形下的信奉理论。这是他信仰并对外宣称的理论。但真正指导他行动的理论是使用理论。[4]使用理论不一定跟他的信奉理论相一致，此外人们也不一定会意识到这两种理论之间的不一致性。

我们不能通过简单地问别人问题知晓他的使用理论。我们必须通过观察其行为来建构他的使用理论。从这种意义上讲，使用理论的建构就像是科学假设，不一定能够准确地反映被描述的行为。

当你知道在特定情形下要取得某个结果需要做什么时，你就知道那种情形的使用理论是什么。你知道要取得的结果的本质，也知道在这种情形下获取这个结果要采取的适当行动，以及理论本身蕴含的假设。

不管使用理论的假设存在多大差异，都包括自我、他人、情形以及行动、结果与情形之间的联系等要素。在上面提到的辅导员和调皮学生的例子里，辅导员的使用理论可能包括以下的假设：（1）辅导员可以说学生的语言；（2）辅导员通过说学生的语言能够让学生感受到真诚，并因此而倾向于信任辅导员；（3）在学校里，辅导员是被允许与学生单独交流并建立个人关系的；（4）如果信任辅导员，学生更容易改变自身行为。虽然我们说辅导员的使用理论包含这些内容，不管辅导员是否明确表明这些，但只要其中一项或多项内容发生变化，他对在这种情形下应该采取什么行动的观点就会改变。

如果行动理论可以解释所有人的有意行为，那么它所涵盖的知识范畴就十分广阔。使用理论包括物体的运动知识、人造物体的创造和使用知识、市场知识、组织知识以及人类活动的其他所有范畴的知识。换句话说，在使用理论中起作用的关于人类行为的一整套假设构成了日常生活的心理学。关于社会的结构和运行机制、文化、人造物体的设计和建造、物理世界的所有命题——只要是使用理论的假设——都构成了日常生活中的社会学、人类学、工程科学和物理学。从这个意义上讲，每个人都是自己的心理学家、社会学家、人类学家、工程师和物理学家。

日常生活的心理学、物理学或社会学可能与当代正规的心理学、物理学或社会学有所不同；日常生活的科学可能与上一代的正规心理学更为相似，也可能孕育着未来科学发展的种子。在人类智慧发展史上，很多规范的学术知识正是从详细解析日常生活中的非正式知识中孕育出来的。

关于专业实践的知识也是如此。建筑设计（对建筑师来说）有使用理论，疾病诊断和治疗（对医生来说）有使用理论，城市规划（对城市规划师来说）有使用理论。一些研究已经致力于阐明这些理论。斯科特（Scot）描述了盲人服务机构工作人员的实践理论。他区分了这部分人的信奉理论和使用理论，并且指出这两种理论之间的差异。这些工作人员的信奉理论是：盲人是能够独立的，服务机构要帮助他们实现独立。但是他们的使用理论却是：盲人基本上要依赖这些机构，机构通过提供服务维持这种依赖关系。而盲人能做的事情就是适应机构安排好的生活。

显而易见，明确我们使用理论中的知识意味着整理与人类有意行为有关的所有非正式信仰。

水平。每个人都有很多使用理论。每个理论分别对应一种经常出现的情形。一个人的使用理论不是独立的原子，我们将这些理论称为微观理论。各种微观理论之间通过内容的相似性及其逻辑关系互相关联。跟任何一种复杂的知识载体一样，一个人的使用理论以不同的方式呈现得井井有条。

一些使用理论具有层级结构，这种结构只有当我们仔细考察时才会逐渐清晰。例如前面我们提到的辅导员认为自己的假设具有多大的普遍性？他是否认为只要自己用学生的语言交流，学生就更容易信任他？或者他是否过于泛化，认为如果他能使用学生的语言交流，所有的学生都会信任他？又或者，他是否可以进一步泛化，认为只要他能够用某人的语言与其交流，这个人就会信任他？要了解归纳辅导员在多大程度上泛化了自己的假设，需要在类似的情境下观察他的行为，并记录他使用同一种假设指导自己行为的情形范畴。

假设在多大程度上从属于一个系统的理论？例如辅导员是否拥有一个信任能够形成的条件性理论？而且在这个理论中，假设是其中的一个组成部分。这个问题也可以用上述方法加以测试。

人们针对各种情形使用截然不同甚至矛盾的使用理论，但这些情形在外人看来往往并无区别。例如，学校辅导员对待男学生和女学生的方式可能不同；此外，即使他用同样的方式对待同一类学生，但在面对另一类不同的组别时，他可能会采用不同的行为方式。在这种情况下，他可能需要根据不同的学生类型，用一种高阶理论控制子级别的使用理论。

不过，使用理论的结构可以由一些普遍假设决定。这样的假设可能是："当人的焦虑越少，表现出来的攻击性就越小。"这样的使用理论就不一定会出现层级结构了。

隐性知识。 在何种意义上，我们会形成或认识使用理论？使用理论的状态如何？这个问题可以从存在、推论和习得三个方面进行分析。

首先是存在问题，它可以这样解释。如果我们不能阐明使用理论，我们又如何能够证明它确实存在呢？虽然我们认为，使用理论通过行为体现出来，但是有时即使行为没有出现，使用理论依然存在。某人想采取 A 行为，但是突发事件使其无法采取这一行为。我们认为他持有一个自己无法确定的使用理论。

那么在他无法采取行动的情况下，使用理论又在何种意义上存在呢？

此外还存在相关的推论问题。我们根据哪些规则从行为推导出使用理论呢？如果在某些情况下，外显行为并没有出现，我们又将如何推导出使用理论呢？

最后是习得问题。如果我们无法确定要改变或习得什么，我们又将如何改变现有的某种使用理论或者习得一种新的使用理论呢？

这些问题像柏拉图的《美诺篇》(*Meno*)一样古老。人们长期以来对这一领域的关注给了我们三个主要选择：

1. 我们只知道我们能够说明的知识。如果我们接受这种观点，信奉理论和使用理论之间就不存在区别；这种观点与人们的行为往往与信奉理论不一致的研究结果相反。

2. 我们只知道行为能够反映的知识，使用理论的构建只是用来解释行为模式。这种观点使得我们不能解释人们无法根据使用理论采取行动，但事实上仍旧坚持使用理论的情况。人们根据使用理论开始行动，但是并不能完成这个行动：阻力可能是外部的（例如不小心摔倒了或由于一些事件而无法行动），也可能是内在的（例如受到下意识的意愿或恐惧的影响、情绪过于激动、遗忘或是突然中风

第一章 行动理论

等)。另外,人们的行为可能体现出与使用理论的冲突;在一种情形下,一个人可能什么也不做,而这恰好是其自相矛盾的使用理论的体现。

3. 我们知道的比我们能阐述的多得多,也远远多于我们的行为能够体现的知识。这就是非外显知识,也就是波兰尼(Polanyi)所谓隐性知识。隐性知识是我们不用说怎么做就能不自觉地在上千张面孔中辨认出某张面孔的能力;是我们表现出某种技能,但又不能清晰地说明;是我们有了发现,但又不能用语言描述。波兰尼的概念为分析使用理论的存在、推论和习得提供了有益的视角。[5] 如果我们隐性地知道自己的使用理论,即使不能够阐明或是无法根据这种知识采取行动,它还是客观存在的。当我们形成自己的使用理论时,我们是在将隐性的知识显性化;我们还可以将显性知识和隐性知识相比较,就像科学家用明确的假设测试自己的潜在想法一样。当我们将信奉理论付诸实践时,这个过程恰好相反:我们将显性理论变成隐性知识——也就是将其内化,而不是从行动体现出来的隐性知识推导出显性理论。

用语法与语言进行类比。我们可能无法描述决定我们语言的语法规则,甚至也无法意识到这种语法存在。同样,我们可能也无法描述或识别自己的使用理论。我们实际的语言所表达出的规则和变化比已有的语法规则更精细。学者们一直在尝试完善语法理论，使其最大限度地接近实际管理语言的语法。但由于实际语法的不稳定性，这个任务很难完成。我们的使用理论与建构的显性理论之间的关系也是如此。

每个人都用自己的语法管控自己的语言，但是这些语法是社会成员共同享有的。使用理论也有类似的特点。第四章呈现的证据表明，在一种文化里，拥有相同成长经历的人具有大致相同模式的使用理论。重要的是，语言哲学家正在讨论语言普遍性的知识地位，以及持母语者显示出来的、无法说明的语法规则。[6]

从观察到的行为推断出显性行动理论又与从语言推断语法规则的情况不同。这个任务是逐渐设计出更令人满意的使用理论的结构，以揭示行为的规律性、外在和内在因素导致的偏差以及前后矛盾的使用理论的行为表现。当一个人尝试构建自己的使用理论时，他的根据包含自己的行为、隐性知识的暗示和在不同情形下构建想象实验的能力。局外观察者可以利用行为主体的暗示和想象实验，但是必须防止将信奉理论与使用理论相混淆的倾向。如果假设行为主体具有关于使用理论的隐性知识，这种隐性知识可以通过多种方式呈现，那么研究将更为便利。

第一章　行动理论

技能与使用理论

专业人士和专业教育人士,实际上所有领域的从业者,经常谈论实践和技能学习,就好像这些活动与学习理论或学习应用理论完全不一样。这样的观点认为技能学习和理论学习是不同类型的活动,理论学习可能适合一种场合(学校),而技能学习适合另一种场合(工作)。

技能是在不同行为情形下有效行动的能力维度。技能是一个具有多重含义的词,既指具体行为的某些属性,也指行动理论的属性。各种类型的技能——无论是驾驶、写作,还是咨询——都由行为主体具体行动的特点决定。如果某人经常无法根据技能采取行动,我们就不能认为他拥有这一技能。技能也能够从一种情形迁移到另一种情形。我们可以像通过从业者的行为建构使用理论一样,通过技能建构显性程序。但是,通过技能建构程序往往十分复杂。关于骑自行车这项技能的信息内容可能用400页纸也讲不完。关于技能的程序是一种信息量巨大的使用理论。为提高专业实践能力而展开行动理论的学习并不包括学习如何引述这一理论;除非将其付诸实践,否则就不能真正掌握行动理论的核心。

学习将行动理论付诸实践与学习一种技能有着类似的过程。同样,使某人的使用理论显性化就如同使某种技能体现的能力外显化一样。因此,思考技能学习的过程可能为学习新的使用理论提供启示。

以学习骑自行车为例,假设我们把骑自行车的全部步骤都教给学生,而且学生认真学习了所有步骤,最终学生能够背下来并且知道在何种情况下需要哪些步骤。然而,能够复述程序并不意味着技能的习得,原因有三个:

1. 骑自行车的程序与具体操作之间存在巨大的差异,也就是说,程序从来就不能全面地描述具体的操作。但是也不能简单地将问题归结为弥合程序和实际操作之间的差异。撇开事实,弥补差异涉及问题的解决。当一名医科学生学习一系列疾病的症状,并开始应用所学知识获取诊断技能时,症状和疾病之间的关系就不是简单的配对过程了。病人的症状对学生来说往往模棱两可。他必须排查一系列的症状和疾病概念,并缩小到几种合理的可能性。他将进行一系列的推敲、观察和测试,这些行为会逐渐消除他所学的诊断程序和他对病人疾病的判断之间的信息差异。

2. 骑自行车需要一系列自如、连贯的反应。如果我们打断这些活动,转而关注我们正在做的动作或者回忆骑车需要的具体步骤,我们可能就会从自行车上摔下来。会发生这种情况不仅仅是因为思考需要时间(学习者必须立即纠正骑车的不平衡状态，几秒钟都耽搁不得），而且也因为这些行为取决于格式塔的性质（格式塔心理学是西方现代心理学的主要学派之一，强调经验和行为的整体性，认为整体大于部分之和，主张以整体的动力结构观研究心理现象。——译者注），即如果我们过于关注显性程序的细节，我们就会失败。因此，学习骑车不仅需要学习程序，也需要学习内化这些程序。只有这样，我们才能在预定的时间做出适当的反应，而无须考虑显性程序本身。程序知识必须转化为隐性知识，我们不能用显性知识代替隐性知识。

3. 一些程序指导的行为可能需要某些感官能力、肌肉力量、身体灵敏性或者感觉的变化，但没有一项能够通过学习骑自行车的程序获得。例如，骑车程序没有告知学习者如何避免恐惧，尽管它可能表明学习者没有必要恐惧，但是学习者依然会感到恐惧，甚至陷入无法动弹的地步。

练习某种技能可能需要学习者不停地熟悉动作以便克服恐惧。因此，可以设计一种学习情境，这样学习者就可以在相对无风险的情况下进行各个环节的操作（练习蹬脚踏板）；当他逐渐建立起自信时，增加风险程度。人们可以根据学习条件将技能分类：需要特殊的力量、灵敏度、感官体验或感觉条件的技能以及不需要这些条件的技能；可以细分成很多环节的技能以及不能细分的技能；放缓之后依然有效的技能以及无效的技能等。

根据新的行动理论，对于技能学习的评价也适用于学习如何行事。在两种过程中，实践、发展并吸收隐性知识很重要，创造一种能够强化感觉和动作的循环学习情境也很重要。

仅仅学习程序并不意味着能够掌握新技能，仅仅学习显性的公式也不意味着就能习得一种新的使用理论。相反，大部分学习通过模仿实现，而不需要语言的干预。学习还可能发生在批评他人的表现，告诉他应该如何纠正自己的行为时，我们无须为此创建一个对应的行动理论。（事实上，教师可能不知道显性的行动理论，但是仍然可以判断哪些行为是正确的，哪些是错误的。）教师可以帮助学生将自身知识库中的行为因素联系起来，或者为学生创造某种情形，使他能够应用与其已有的技能类似的行为。

那么，阐明我们已有的使用理论有什么作用呢？如果未阐述的使用理论能够促使行为主体采取有效的行动，那么显性的使用理论就无用武之地了。但是，如果行为主体无法高效行动，而且自己又不知道是哪里出了问题；或者别人都看到了他的无效行动，只有他自己认识不到这一点，这时清晰地描述他的使用理论就可以对其进行有意识的批评。行为主体会试图为其隐性的使用理论辩护，这就可能会阻止他改进；他可能不愿意改变他的行为，直到他明确地探察了自己的使用理论，并且将其与其他选择加以对比之后才愿意。在他显性地将使用理论表述出来之前，他可能无法测试自己的使用理论，也无法将自己的使用理论传授给他人。

使用理论的作用

使用理论是我们得到自己想要的东西的方式。使用理论具体的策略体现在解决矛盾、谋生、交易、处理邻里关系等方面——事实上，可以体现在任何有意为之的目标中。

使用理论也是保持某种稳定性的手段。某些控制变量会引起我们的兴趣（例如，能量消耗、焦虑、与他人共度时光），我们试图将这些变量值维持在可接受的范围内。我们的使用理论具体明确了我们感兴趣的变量（这与环境中我们无法改变的常量相对），我们根据这些变量设定行动的边界。在这些边界内部，使用理论通过各种程序管控着各个变量。[7]

当我们想达到某种目的或者得到想要的东西时，我们的注意力就会集中在一个变量上，并只考虑这个变量带来的一系列行为。但是，我们的行动受到一系列控制变量的影响。所有的控制变量也受到我们行为的影响，我们也努力将这些变量控制在可以接受的范围以内。行为和结果不是一一对应的关系，任何指定的动作都可能影响很多变量。所有的行为都具有目的，因为行为会改变，以将变量控制在一个可以接受的范围之内。任何时候都可能出现一个更为有趣的变量（前景变量），从而吸引我们的注意力，但并不是其他受到行为影响的变量（背景变量）就可以忽略；这些变量可以约束我们努力控制前景变量。也就是说，不管我们如何影响前景变量，都不能允许任何变量超出可以接受的范围。从这种意义上讲，行动的形成和选择是一个类似建筑和工程设计的设计问题，它需要一系列相关变量共同促成，而不是仅由一个变量决定。我们采取的行动并不能只产生意愿中的结果，因此，在设计行为时，我们要尽可能地减少因背景变量变动而造成的非意愿结果。

一些行为并不影响所有的控制变量，而一些控制变量不一定与每个行为都相关。但是，特定的控制变量（例如焦虑程度、活力或自尊等）似乎在每种行为中都起关键性作用，并且控制着行动的方向。如果我们的某些行为不经意导致它们超出可以接受的范围，它们就可能突然变成前景变量。[8]

控制变量往往处于可以接受的范围内，很少情况下会超出或低于这个界限。当我们开始关注某个新变量时，可能正是这个变量高于或低于界限时。将新变量纳入可以接受的界限内需要时间（就像一个人恢复健康或是建立一种信任关系一样）。当

第一章 行动理论

设定与某种变量相关的目标时,我们就将行动的必要模式纳入可以接受的范围(客观作用)。此外,新旧变量都需要维护,以便将其控制在界限之内;设计问题不应该只是解决,而是应该解决后就不再出现。一旦进入了可接受的范围,新变量就与其他控制变量一起构成行为主体的稳定场——这一系列变量必须稳定在可以接受的范围之内。

使用理论保持了人们的稳定场。它们明确了控制变量及彼此之间的重要关系,例如指出哪些变量尤为重要。这些使用理论明确了这些变量的可接受范围以及新的控制变量的客观作用。它们还描述了达成客观作用和维持稳定性的设计技术和策略。[9]

使用理论是维持特定稳定性的方式。它的另一种价值是提供稳定的世界观。行为世界的内在变化给予我们过多的信息,所以我们珍惜一个稳定的世界观,希望一切都是可以预测的,而我们也能够进行预测。我们努力维持使用理论的稳定性。

稳定性有两种秩序,即控制变量以及使用理论提供的世界观。这两者之间存在特定的矛盾。如果我们的使用理论无法维持控制变量的稳定性,我们就可能需要改变使用理论。但是我们总是试图避免这种改变,因为我们想要维持使用理论的稳定性。如果不得不在达成目标与维持二阶稳定性之间做出选择,我们可能会选择放弃目标。

作为人造理论的使用理论

星体的运转并不以我们的意志为转移,潮汐的变化也不受我们理论的控制。但是,人类的行为却直接受我们的行动以及行动理论的影响。行为世界就是我们的使用理论的人造产物。

根据西蒙(Simon)的解释,[10] 行为世界的理论是人造理论。很多行为世界的常量是偶然的。因为它们都由人类习俗创造,并通过人类的选择得以继续存在。它们不是宇宙本质中的内在物。

此外,每个人都生活在自己的行为世界里——这个世界由他自己的行为构成并与他人的行为互动。因此,每个人的行为世界都是人造的,这不仅是因为它由人类习俗的产物构成,而且从某种意义上讲,受到人类自身的行为以及影响行为的行为世界理论的塑造和影响。使用理论与行为之间的关系特殊。行动不仅仅适用和检验理论,同时也塑造了理论描述的行为世界。我们对这种现象的负面影响相当熟悉。例如,教师认为学生愚蠢会导致学生的愚蠢行为,但是相关实验的结论通常是人们应该尽量避免自我实现的预言(self-fulfilling prophecies)——如果可以做到的话。每种使用理论从一定程度上讲都是一种自我实现的预言。[11]

我们通过与建构使用理论一样的过程建构行为世界的事实。理论建构就是事实建构,这不仅仅因为我们的使用理论决定了我们对行为世界的看法，还因为我们的使用理论决定我们的行为，而这反过来又决定了行为世界的特点，而这又为使用理论提供原料。因此，每种使用理论都是一种对待他人（对待他人行为世界）的方式，而这又会反过来影响自己。我们在使用理论之中寻找的二阶稳定性也是我们在行为世界之中寻找的稳定性。

相应地，人们不能仅仅通过一个时点的横截面数据来检验使用理论，而应该持续地考察使用理论和行为世界之间的发展性互动关系。不判断使用理论创造的行为世界，人们就不能判断使用理论。人们也不能在建构有益于使用理论发展的行为世界之前，就建构出更好的使用理论。

作为学习的理论构建

我们已经讨论了学习技能以及学习如何根据使用理论采取行动两者之间的相似性。但是，除此之外，使用理论的形成及改变本身也是一个学习过程。根据乔治·凯利（George Kelley）的解释，行为学习是一个假说－演绎的过程，这个过程会形成、测试和修正行为假说。也就是说行为学习包含对使用理论一些元素的经验性修正——这些元素包括控制变量、行动策略或者假设。

这样一来，我们就可以区分两种行为学习：为了获得控制变量，我们能够学习采用新的行动策略；我们能够学习改变我们的控制变量。这种区分类似于阿什比（Ashby）对单环学习和双环学习的划分。阿什比以家用温度调节器为例。当室内温度围绕着一个较为稳定的温度值变动时，系统就是在进行单环学习。当主人实施干预，调节温度调节器的设置，这就变成一个双环学习。"……主人通过调节设置输入系统的信息是关于系统应该如何对温度计的次级命令做出反应。"在第一种情况下，反馈回路将房间的温度（由温度计感知）与控制热空气和水的阀门联结在一起。在第二种情况下，反馈回路不仅将家庭温度与加热系统联结在一起，还（以主人为媒介）将其与控制房间温度的温度调节器的设置相关联。

从使用理论的角度来讲，人们在学习压制冲突的新技能时是在进行单环学习。而当人们学习关注冲突的出现和解决，而不是压制时，就是在进行双环学习。

在单环学习中，我们学习设计满足现有控制变量的行动，学习维持稳定场。在双环学习中，我们学习改变稳定场本身。

双环学习并不能取代单环学习。单环学习可以使我们避免持续投入生活中大部分的高预测性活动中；但是，如果永远不检查自己的理论，人们就会被自己的使用理论所禁锢。双环学习改变程序的控制变量（"设置"），并影响整个使用理论系统。

第二章

评估行动理论

要考虑使用理论与其行为世界的互动，我们必须研究它们的趋势，而非它们在某个时点的典型特征。使用理论创造的行为世界是限制还是解放行为主体取决于以下问题的回答：使用理论和信奉理论内在一致吗？相合吗？能检测吗？有效吗？我们是否认为它们创造的世界存在价值？这些标准之间的关系如图 2-1 所示。

内在一致性

简单地说，内在一致性就是不存在自我矛盾。但是在行动理论的领域，其意义就更为复杂了。

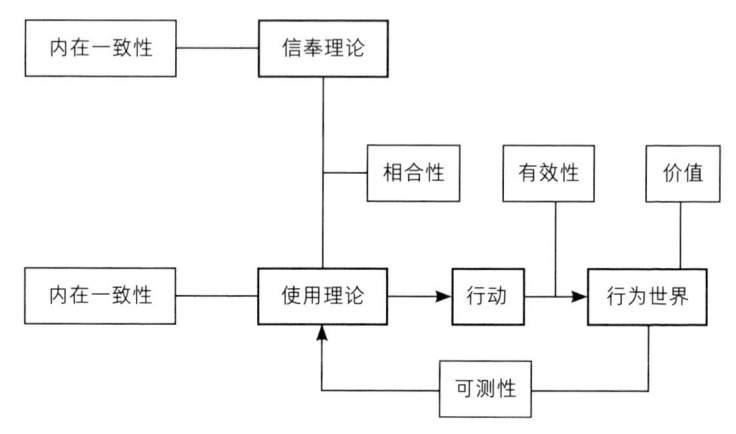

图 2-1 使用理论与信奉理论内在是否一致？

最重要的一致性不在于理论中的各类命题（"这个人很慷慨""这个人很吝啬"），而在于与自我、他人以及行为设置相关的理论的控制变量。例如，行动理论可能需要两种命题——"保持冷静"和"鼓励参与性管理"。如果参与性管理只能通过激烈的行为实现，那么即使逻辑上并不矛盾，但理论内在还是存在不一致性。这种内在的自我矛盾，并不是像"马是白的"和"马不是白的"这样的自相矛盾。但是，为获得控制变量所做的各种努力可能会相互干扰。[1]

每个变量都有可以接受的变化范围，在这个范围内存在不同水平的偏好。只要镇静没达到惰性的程度，我们就会尽可能地选择保持镇静。只要参与还不至于无序，我们就会尽可能地

第二章 评估行动理论

选择多参与。

如果两个或两个以上的变量在特定的条件下存在内在不相容的情况，我们就不可能同时满足这两种变量，而只能是单独处理。[2] 如果将这种关系称作不相容性，我们就可以保留内在不一致性这一术语，以便在一个变量超出可接受范围，而另一变量停留在可接受范围的特殊情况下使用。

控制变量是否存在不相容或内在不一致取决于以下的因素：

1. 其他控制变量——例如与自我保护、礼貌或者保护他人有关的控制变量——可能会限制获取其他变量的方式。

2. 使用理论设想的行动范畴可能太狭窄。在这个范畴之外，可能还存在其他获取某种变量，而又无须将其他变量排除在可接受范围之外的方法。

3. 每个变量的可接受范围可能扩大或者缩小，导致两种变量或多或少地不相容。

4. 使用理论的假设可能会发生改变，导致其控制变量或多或少地不相容。例如，"人们不能在不激动的情况下谈论自治问题"的假设可能并不存在于使用理论中，但是在具体情境下这一假设却可能存在。在这种情况下，行为主体会发现达不到两种变量的可接受水平，但是却找不到原因。

  5. 行动主体在其世界采取行动，其行动的特征可能与其理论的内在一致性相合或抵触。他的行为可能会影响人们的责任感，促使人们参与到自治中去，而不受阻扰。他的行为也可能会导致相反的结果。因为这种行为本身就反映了使用理论的其他方面，使用理论可能趋向于内在一致或不一致。在最糟的情况下，努力获得控制变量的举动可能会适得其反；在最好的情况下，努力获得控制变量的行为则会增加达成目标的可能性。

  如果使用理论的两个或两个以上的变量之间存在内在不一致，那么，在变动范围、策略合集、情境假设、限制变量以及行动对行为世界的影响都给定的情况下，如果不在一个可接受的范围值内排除，就不可能进入另一个可接受的范围值。

  内在一致性和稳定性之间的关系需要我们注意。我们可以将使用理论当作旨在使特定变量的价值在可以接受的范围内保持不变的行动程序。它与保证温度和压力等条件处于可接受范围内的计算机程序相类似。程序的内在一致性与变量可以接受的界限相互决定。使用理论的内在一致性调节着使用理论的可行性，以达成期望的稳定性；期望的稳定性的本质也部分决定了使用理论的内在一致性。

相合性

相合性是指信奉理论与使用理论相符，即某人的行为符合他的行动信奉理论。相合性的第二层意思（也是广为使用的意思）是允许行动体现人的内在情感：人感觉快乐时，其行为也是快乐的。

这两层意思相互补充，体现出人的内在状态（注意到我的情感和信仰的人能够感受到的）及外在状态（只看到我的行为的局外人能够感受到的）的整合。人们的信奉理论与使用理论之间缺乏相合性推动了对其中一种理论的修正，因为我们重视信奉理论（自我形象），也重视相合性（知行合一）。

关于政治家的讽刺漫画常常是他在鼓吹自己持有为了他人利益的信奉理论，对其与使用理论之间的不相容丝毫不感到担忧。这样的人虽然有自己信仰的信奉理论，但是可能并不真正相信自己宣传的理论；其使用理论与信奉理论的不相容性可能会使他如芒刺在背从而导致理论的变化。

相合性的程度随着时间的变化而变化。某人成为自己（成为他信仰和感知的人）的能力可能依赖于他自己创造的行为世界。一个几乎不存在自我欺骗、具有丰富的情感、威胁性较低的行为世界对相合性有益；一个低自尊、高威胁性的行为世界就会导致自我欺骗和不相合性。如果人们创造了某种情境，其他人在其中也具有相合性，那么他自己的相合性也就得到了支持。

相合性本身并不具备特定的价值。信奉理论与不合格的使用理论相合，不如合格的信奉理论与不合格的使用理论不相合。这是因为这样就可以发现信奉理论和使用理论的不相合性，为改变提供了可能。但是，即使相合性对正面的自我感知具有重要意义，最终从长期来看，信奉理论和使用理论能够相合才是最理想的状态。

有效性

当根据能够获得控制变量的理论采取行动时，使用理论就是有效的。相应地，有效性依赖于：理论内部的控制变量、理论提倡的策略的适合性、理论假设的精确性和充分性。有效性的重要标准是一旦控制变量进入可接受的范围内就要将其保持住。随着时间的推移，一些使用理论的有效性逐渐降低。例如，如果行为主体提高行为有效性的方法是以牺牲他人的有效性为代价，此人就可能增加他人对自己的依赖性，因而他也越来越难以变得有效。长期的有效性需要以能够促成未来成就的方式控制变量。这可能需要采取提升他人效率的行为。

保持长期的有效性既需要单环学习，也需要双环学习。当条件发生变化时，除非我们能够学习管理已有控制变量的新方式，否则就不可能在长期运作中保持高效。另外，除非我们在控制变量重要程度提升时迅速习得它们，否则我们的行为也不可能有效。

值得注意的是，长期的有效性不一定意味着行动就变得更加容易。如果能够应对新的控制变量，人们就能够从一开始的低效转变成之后的高效。有效性的进步可以通过人们试图获取控制变量的结果反映出来。

可测性

行动理论与工程理论、临床医学理论或者农业技术一样，是一种控制理论。如果能够明确情形、预期结果以及达成结果所需采取的行动，就可以对行动理论进行评测。评测包括评估行为能否实现预测结果。如果答案是肯定的，这种理论就得到了确认；如果不能实现预期的结果，理论就将被证伪。这样就检验了行动理论的有效性。

关于可测性的特殊问题来自行动理论的两个相关特点：行动理论是规范的（它们设定行为规范），也是人造的（它们能帮助人们创造行为世界）。这里存在三个基本问题：

1. 我们如何评测描述行为的理论？如何评测其规范或价值？

2. 鉴于使用理论会让自己真实化，如何对它们进行评测呢？

3. 在某种行动情形下（特别是压力较大的情形），我们需要体现行动的态度——自信、承诺和决断力。但是为了测试某种理论，我们必须采取尝试、体验和怀疑的态度。那么，在同等情境下，我们该如何展现行动态度与试验态度呢？

简单的指示（"不要靠近水边！"）是无法评测的，因为这种指示不能预测结果。但是"如果……就……"的指令（"如果你不想感冒的话，冬天就不要靠近水边！"）就可以被评测。评测可能并非直接进行，因为与"如果……就……"指令相关的假设往往不那么显而易见。例如，这个例子隐含的假设就是人们不会拥有感冒以外的风险。只有我们明确并且控制了这个假设，我们才能解释实验是成功还是失败。[3]

评测规范和价值本身还有一个更具挑战性的问题。我们能够评测例如"保持健康"之类的控制变量吗？从某种意义上讲，这个问题的答案是否定的，因为控制变量并非"如果……就……"类型的命题，并且也不具有任何预测性。但是，如果我们检查整个变量范围——使用理论包含的整个稳定场——那么我们需要观察，在一段时间之后，这些价值是否会或多或少存在内在一致性，与信奉理论的控制变量相合，并有效地实现。举个例子，一系列诸如"保持健康""忽视建议"以及"寻找危险的刺激"等的控制变量可能会变得越来越不相容。从这种意义上讲，人们可以检测控制变量的内在一致性、相合性以及可实现性。但是人们可能只在使用理论与行为世界长期互动的情形下如此做。

第二个关于测试行动理论的基本问题是其自我实现的本质。这里有两个例子。一名教师认为自己的学生很愚笨，他与学生的沟通就会表现出这样的期望，因此学生的行为就真的愚笨起来。之后他可能会问学生一些问题，引出他们愚笨的回答，等学生真的给出了愚笨的答案，他就"验证"了自己的理论。他与学生互动越多，他的理论就越发得到证实。第二个例子是，一位经理认为自己的下属工作被动、依赖性强，需要权威的指导。他期待和鼓励下属的依赖性，并且惩罚下属的独立行为，以至于其下属的行为真的被动起来，并且越发依赖他。他可能会为下属设置挑战，并引出他们的依赖性回应，来验证自己的理论。在这两种情况下，假设都变成了事实；两种使用理论都是自我实现的预言性理论，因为这里的主人公无法发现其假设是错误的，其理论总体上也是无效的。这种所谓验证使得行为世界更加符合理论，证实了学生的愚笨以及下属的依赖性。我们将这种理论称为自我封闭式（self-sealing）理论。

局外人可能会发现上述教师和经理的使用理论与局外人对形势的看法不一致。但是局外人的使用理论与行为主体的使用理论也不一致。行为主体如果不接触另外一种理论，并且据此采取行动，就无法发现他原有的使用理论是错误的。

随着时间的推移，行为主体可能会发现自己的理论逐渐不一致，不再适用，并且效率日趋下降。这将取决于其行为条件的稳定性、形成其稳定场的其他值以及其他因素。随着时间的推移，行为主体越来越难以从他人（学生或下属）那里获得与其使用理论相悖的信息。其他人也越来越不愿意与之相对抗、表现出冲突并暴露感情。从这个意义上讲，行为主体的自我封闭式理论变得越来越难评测。[4]

想想那些被行为主体的使用理论所影响的人。例如，学生可能向老师隐瞒自己的真实想法和感觉，而对那些证明老师假设不正确的人敞开心扉；毕竟学生生活在很多个行为世界里，不仅仅是学校。但是，可能没有一个行为世界存在这样的假设。如果是这样的话，其他人也无法发现与证实教师理论所不同的真实感觉和想法。欺骗他人最终会演变成自我欺骗。在这种使用理论所创造的行为世界中，就无法发现教师理论的自我封闭性。因此，需要经由外在事件导致使用理论失效，或由持不同使用理论的人引导学生进入不同的行为世界，并确保学生受到足够多的影响,才能让他们重新发现自己有着与老师的期待所不同的感觉和想法。

使用理论与行为世界的互动既有政治维度,也有实验维度。使用理论的持续实践和确认可以被看作一种政治过程,它加速了从压制某种行为和信息转化为创造一种他人压制行为和信息的条件。这种理论已经证明了自己的正确性,以及本身的有效性。奥威尔(Orwell)的《1984》和莱恩(Laing)的《经验政治学》(*The Politics of Experience*)中都描述了这样的政治过程。对于一个强有力的行为主体来说,不需要有意识地建构理论和现实;我们可以说理论建构了自己的现实。

测试行动理论的第三个基本问题与我们对使用理论应该采取的立场有关。我们必须将任何理论看作尝试性的、会出错的,而且可能会被证伪;我们必须对其持怀疑态度。但是,一个人的使用理论只是他行动的基础。要使其有效,人们必须明确而坚定地依据自己的使用理论行动,尤其是在遇到压力的情况下更应如此。人们必须将自己的使用理论看作一种心理确定性和智力假设。

在不稳定的行动情形中,人们面对的信息过多,无法就正在发生的事情发展出扎实的理论,这就使得明显的矛盾更为突出。在这里,行为规范代替了知识。人们不需要真正知道发生了什么,因为这种知识是独立的,规范为行动提供基础。

介入者的工作是努力使其建构的模型变成现实。在一个既不稳定也不确定，却需要做出行动的世界里，介入者制造了一个标准的现实模板。更加矛盾的是，需要把使用理论看作一种假设。

海纳尔（Hainer，1968）将这种存在主义的立场称作"非教条主义的断言"。他认为，实际情况总是先于人的理论，而且更为根本。理论是对现实的看法，也是行动的基础。从操作层面上讲，我们对发现理论的错误并且加以纠正有所准备；但是我们却不愿意做出这种改变，因为改变意味着不稳定性或者抗争，这本身就可能是一种失败。对于当下的承诺使我们得以应对不可测的情况，并且让我们能够在下一种现实到来时根据情况调整我们的使用理论，以策万全。

我们采取这种立场并且有意识地采取这种立场（作为不确定性情形的一部分规范）是一种针对他人的行为模型，可以减少他们对当下确定性的需求，并允许他们更自由地检验自己的理论，而且不必放弃它们作为行动的基础。如果他人如此做，反过来，也会鼓励我们这么做。

对理论创造的世界的价值

由于使用理论与其行为世界相互依存，因此不仅有必要询问"你的理论是否有效"，还应该问问"你如何看待理论创造的行为世界"。

人们不能也不应该将理论建构的知识问题与现实建构的价值问题明确地区分开来。因为，就像我们已经看到的一样，这些过程是互相决定的。

即使行为主体的理论符合我们描述的所有标准，人们还是可能会问："我应该如何看待他创造的世界？"即使使用理论只对自身的价值有效，并且成功地压制了其他所有人，指出可测性也没有意义，人们还是可能会问这个问题。

我们之前例子中的经理会越来越坚信，他所有的下属都很被动，组织里的所有主动权都必须掌握在自己手中。但是，他也可能会越来越厌恶组织的行为世界，因为对他越来越多的要求也伴随着越来越多的憎恶和不信任。

简而言之，到目前为止提到的标准为判断行动理论提供了一个基础，但是它们无法替代对理论创造的世界的评估。

很显然，一个拥有独立使用理论的局外人可以展开这种评估。但是，如果行为主体决定自己进行评价，他就必须为他自己的使用理论及其在行为世界中最不喜欢的特征之间建立联系，否则他的负面评价并不会对现有的理论产生任何影响。他的使用理论之外的其他控制变量必须被注意到；他能够提出这样的问题暗示着，即使是很小的程度，他也能够正视一个与他自己创造的所不同的行为世界。

简单的回顾

目前，我们已经描述了思考行动理论的概念框架，它们的结构和作用，它们作为隐性知识的状态，它们与其发挥作用的行为世界之间的互动，以及可以运用在它们身上的标准。

行动理论可以用如下方式来描述：在 S 情形下，如果想要得到 C 结果，在 $a_1 \cdots a_n$ 的前提下，就要采取 A 行动。行动理论的存在形式是信奉理论和控制实际行为的使用理论。使用理论的状态往往是隐性的，它与行动的关系就像是应用语法和语言的关系；它们包括对自我、他人和环境的假设——这些假设组成了日常生活的科学微观世界。

使用理论是获取控制变量并将其维持在可接受范围内的载体；控制变量构成了稳定场，有意识的行为在此发生。建构使用理论包括学习如何管理变量以及学习如何改变变量。使用理论是一种人造理论；它们创造并且描述它们发挥作用的行为世界。因此，理论建构和现实建构是密不可分的。使用理论的稳定性同这些理论创造的行为世界的稳定性一样有价值。

理论建构或理论学习（特别是需要改变控制变量的学习）的概念存在矛盾。使用理论与行为世界保持稳定的动力阻碍了控制变量的变化。

理论建构程序以及困境

那么,理论建构和学习会发生吗?一些理论建构是经验的线性增长;扩展原有控制变量应用的新型微观理论可能以这种方式发展。但是,包括控制变量和双环学习两方面变化的这类理论建构往往是骤发性的,其形式是由困境引发的不持续、不连贯的突发事件。这种变化的模式可能来自困境的本质,以及人们对它们的典型反应模式,[5]接下来我们会具体加以描述。

困境包含需求的冲突,而这些需求往往是核心的,因此无法忽略。对于使用理论的发展有着重要影响的困境,应围绕几种衡量使用理论与行为世界之间关系的标准进行组织。

不协调困境来自信奉理论(自尊的取决因素)与使用理论之间越来越多的不协调性。例如,某位政治家认为自己信奉参与式民主,但之后可能会为自己在工作中所使用的、具有操控性的简单粗暴的方式所困扰。另外一个行为主体信奉待人温和、感性,结果可能与其发现自己给他人带来的痛苦不相合。

这些冲突要变成困境,信奉理论的元素必须是行为主体自我形象的中心;具体事件必须凸显信奉理论和使用理论的冲突,使得像通常回避这些冲突的方法无济于事。潜在的困境在凸显之前,可能已经存在了很长时间。

不一致困境在使用理论的控制变量变得越来越不和谐时出

现。例如，某人发现在其行为世界里，越来越难以战胜或控制自己获胜时来自他人的敌意。另一个人则发现，在他创造的家庭世界中，越来越难以通过惩罚孩子、维持对自己的尊重尽到自己的责任。此人既需要做他应该做的事情，也需要努力承担家庭责任而保证孩子对他的尊敬（衍生自莱恩相关著述）。

有效性困境的出现是在使用理论与其行为世界交互时，随着时间的推移，控制变量越来越难以获得，最终脱离可以接受的范围。例如，一个人通过压制冲突使他人保持冷静、克制；由压制而引发的敌意最终会不可避免地达到一个爆发点，而这时候，没人能够继续保持冷静和克制。另一个人喜欢用战斗策略，因为他熟悉这种策略，知道该如何使用，也因为这种策略使他地位攀升。但是条件会发生变化（其他人认识到了这种策略），因此这种策略就会变得越来越低效。

价值困境在行为主体对其使用理论创造的行为世界越来越厌恶，甚至最终不能再忍受时出现。例如，行为主体珍惜其所在团队内部的信任，也珍惜团队的进步。为了实现这种进步，行为主体以阴险操纵的方式对待团队之外的人。团队成员期待每个人的行为保持一致性，因此越来越不信任行为主体，团队内部的氛围也越来越阴暗并具有操纵性。

可测性困境是在重视自己具备确认或否认理论假设能力的行为主体，发现自己最后再也不可能在其创造的行为世界中如

第二章　评估行动理论

此做时出现。例如，一个经理发现其下属和同事不再向其提供任何有效的信息，而这是由于他人对他的不信任，以及他们以诚相待却受到惩罚所造成的。

这些类型的困境并不相互排斥，例如有效性困境可能也是可测性困境，关键在于采取何种角度。但是，所有的困境都具备某些共同的特点：当前使用理论的某些因素与适用于这种理论的标准之间存在冲突。这种冲突是行为主体经历的中心冲突，也就是说，行为主体赋予使用理论的价值和标准是中心而非外围的。在使用理论与行为世界的互动循环中，冲突会愈演愈烈。

当行为世界的条件发生变化时，困境可能会突然出现；它们也可能在交互循环中慢慢浮现。不管哪种情况，使用理论控制变量的变化都趋向于突发性，因为这是对困境的典型性反应模式。

对出现的困境的反应并非导致控制变量产生实质改变的典型行为。我们重视自身使用理论与行为世界的稳定性。因此，使用理论倾向于自我维持。我们倾向于采取各种策略，规避不协调的数据，行为现实越来越偏离理论，理论也就经不起考验。

我们用来保护自己的使用理论免受攻击的策略库有着较大的想象空间。一些策略甚至很惊人。

我们试图区分信奉理论和使用理论——将两者分别置于不

同境地，不允许两种理论相遇。人们用一种理论说话，却用另一种理论行动，并且通过自动的自我欺骗保持两种理论一致性的幻象。

我们会选择性地忽略指向困境的数据。例如，我们往往注意不到他人的敌意。

行为主体会采纳一种政治性的方法压制攻击性的数据。例如，他会威胁他人，这样人们就不会对他表现出不信任。

有时，为了消除攻击性因素或让自身脱离某种情形，行为主体的行为会变得十分暴力。他要么解雇制造麻烦的人，要么——当他无法忍受自己的行为世界时——搬家到加利福尼亚州去；或者他可能决定与儿子脱离父子关系。

行为主体的行动微妙地让其受到威胁的使用理论完成自我封闭式和自我实现的预言。就像我们之前提到的经理或教师一样，他们使用权威引发他人做出自己预期的行为并压制其他未预期的行为。

行为主体也会进行改变，但只会针对自己的信奉理论，而不会改变其使用理论。

行为主体针对使用理论可能会进行边缘性的改变，但是其核心内容永远不会触及。

这些措施以及类似的措施，无论是独自起作用还是共同作用，都倾向于在困境出现时维持使用理论。因此，即使困境的

第二章　评估行动理论

迹象是慢慢出现的，控制变量的最终变化也往往是骤然发生的。当冲突到了令人无法容忍时，行为主体会穷尽其所有的防御措施，进入一触即发的情形。

从本质上讲，所有这些困境都是有效性的困境。如果行为主体无法容忍其控制变量的不一致性，或者他无法确认或否认自己的假设，这是因为不一致性和缺乏可测性也意味着无法在最低程度上获得控制变量。如果不协调性无法容忍，这是由于行为主体发现自己无法实现决定其自尊的信奉理论的核心控制变量。如果不需要有效性，那么就不会出现困境。

因此，基本的困境是有效性和稳定性困境。行为主体努力变得有效，并保持其使用理论及其创造的行为世界的稳定。当他使用了所有的防御策略，但最终依然无法完成这两个目标时，他可能就会改变自己使用理论的控制变量。这种辩证关系形成了理论建构的过程。

第二部分将会展示来自我们使用理论的潜在模式的特定典型性困境。通过阐明我们的使用理论，并从它们的潜在模式进行推导，我们可以识别并解释这些困境。因此，我们将分析从这种模式转化为另一种替代模式的过程。据此，控制变量的改变将在与我们之前描述的不同的过程中发生。

学习型组织的实践理论

第二部分
行　动

第一部分定义了信奉理论和使用理论，并且界定了两者之间的差异。第一部分还展示了使用理论创造的行为世界，人们根据使用理论控制变量的要求采取行动。

第二部分将特定的使用理论与有效性和人类互动的学习结合起来。我们不仅是为了精确理解真正控制人们行为的使用理论，而且也是为了阐述它们，让它们能够被批评和改正。

第二部分提出了社会上流行的使用理论的模型。第 I 型包含了一系列控制变量、行为，及其对行为世界（个人、人际、群体以及群体之间的不同层次）、学习质量以及有效性施加的影响。因为第 I 型是一个抽象概念，所以我们将会描述用于发展第 I 型的诊断方法及其具体实例。

接下来，我们会提出一个替代模型——第 II 型。第 II 型与第 I 型的控制变量和行为策略都不相同，这使得第 II 型应该可以产生更为有效的个人和系统行为。最后，我们还会讨论从第 I 型到第 II 型转化的过程。

第三章

诊断使用理论

使用理论非常复杂。如果所有的行为都要纳入其中,那么结果就会过于复杂,无法帮助我们理解并且引导行为。因此,我们需要使用理论的模型——理论如何应用到人类互动的普遍特点。这样的模型能够描述社会成员微观使用理论的复杂范畴。

困 难

建构使用理论模型是困难的。几乎没有人思考过自己的使用理论。矛盾的是,人们的使用理论阻止他们如此做。要求别人思考自己的使用理论,这不仅有悖常理,还与人们对于如何理解和管理行为的知识相悖。可以理解的是,那些很少考虑建构自己的使用理论的人往往缺乏必要的技能发展自己的使用理论，而他们习得的技能在这里也发挥不了作用。发展使用理论的一种核心技能是直接描述可以观察到的行为。几乎没人学习这种技能。事实上，我们总是鼓励孩子使用抽象的概念描述自己的行为，因为这些概念更为简洁。这种抽象的概念在发展使用理论时并不总是有用。建构使用理论要求诊断这种理论的人最大限度地减少自己对行为主体行为的各种隐蔽的影响，尽管根据一些社会心理学家的说法，这本身就是人类社会生活的核心。

　　如果个体拥有的技能、知识和价值不能有效地建构使用理论，那么，他就会倾向于创造一个团队来强化自己的程序。这会阻碍有利于建构使用理论的团体动力的发展；还会给学习带来困难，因为个体会发现自己不仅受到自身行为的限制，还要受制于团体动力。由于建构使用理论这一复杂困难的任务依赖于同时克服和改变团体动力，个人必须面对这种似乎无法克服的挑战。难怪在帮助个人建构使用理论时会引起迷惘（"你要我们做什么？"）、焦虑（"我们要如何建成这样的模型？"）、难堪（"那样说话让我觉得自己很傻"）、恐惧（"你在要求我们改变生活的基础"）和震惊（"你是说你要我们重新设计一种文化？"）等反应。

方　法

建构使用理论的模型取决于特定的假设：研究者和参与者的事业目标、参与者的动机，以及有助于达成任务的条件。

一个基本假设就是建构使用理论将会帮助参与者在与他人的互动中变得更加高效。他们变得更加高效的愿望就是他们的动机，而且愿望必须强烈。

过程目标必须满足以下条件：生产能够帮助个体学习的数据；帮助个人了解抑制其防御措施和使用理论的条件，促进自身或他人的成长；提供信息帮助个体设计自我改善计划，从他人处获得帮助，并评估他们的程序；帮助个人学习如何发现自身的使用理论，并建立新的使用理论，也就是说，学习生产可观察的数据、推导使用理论、修正使用理论以及测试新的行动理论。

这些目标实现的环境必须允许个体向自己和他人显露自己的行为，而且有意识的扭曲要尽可能少。这样的环境只有当个体感到戒备时才会出现。建构模型的过程中不应该出现信奉理论可以回答的问题，而应该集中在可观察的事实行为上。

例如，"我告诉约翰他可能会被雇用""我请客户耐心些"以及"我试图让团队注意一下自身的行为"等句子并不是在描述实际行为，而只是陈述了说话人的意愿。这样的信息并不足以产生使用理论。我们需要知道这个人告诉了约翰什么，客户是如何被要求保持耐心的，说话人为了使团队看到自身的行为采取了什么样的行动。我们可以通过这样的信息推断出约翰感到他不会被雇用，客户感觉受到了惩罚，团队成员觉得他们被迫做一些不紧要的事情。

为了研究模型的建构过程，我们开展了角色扮演和小组讨论实验，并对每个活动都进行了录音和录像。但是，我们强调了参与者按照统一格式撰写案例研究，因为这样更便于管理。角色扮演和小组讨论的研究发现证实了案例材料的结论。

我们要求参与者写的案例研究强调他们的实际对话、实际行为以及他人的反应。如果案例参与者要描述的行为较多，例如是一种长期的介入措施，就要求他们选取其中一个或者两个关键场景，并对其进行详细描述。这可以避免总结的抽象性。例如，两个小时的会议可能被描述为"双方进行了会面，并最终达成了一项行动"或者"我的任务是做工作的促成者"。这样的抽象语言对于建构使用理论没有什么意义。

为了减少角色扮演在案例研究中出现的概率，我们要求参与者选择他们能够真正参与的场景。例如，讨论分配有限的财政资源、选择城市规划、发展潜在的社会政策，会激励个人根据自身的实际利益采取行动。

我们给参与者提供的案例研究的指导如表 3-1 所示。

表 3-1

请描述一项（1）你已经体验过的，或者（2）你近期希望体验的，有挑战性的介入措施，或者与一人或多人的互动。 如果你无法选择以上的两种情境，可以假设一种你对自己的有效性产生疑问的情境。 请在开头用一段话描述你的介入措施的目的、情境、参与人员以及其他重要特征。 之后，用几段话陈述一下你的策略。你的目标是什么？你打算如何达成这些目标？你为什么选择这些目标和策略？ 接下来，用几页的篇幅记录真正发生过或者你期望会发生的一段对话。请使用如下格式。	
在纸的这一边，写下在对话中的每个人（包括你自己）在说话时，你的脑海里在想什么。	在纸的这一边，写下每个人说的话，或者你期待他们会说的话。继续写对话，直到你认为自己的主要观点已经阐述清楚为止。（对话应该至少有两页。）
最后，在阅读了自己的案例之后，请描述你所认为的有效行动的潜在假设。	

我们要求参与者写出一个较难案例和一个较易案例。我们的假设是参与者会认为自己切身参与的案例难度较大。我们相信困难的案例对于参与者来说更为重要，而且会激发其学习自己行为的内在承诺，并接受再教育。但是，困难的情境可能会

导致出乎意料的失真、无能的行为以及自我封闭的使用理论。这也是为什么我们也要求参与者描述一个较为简单的案例，我们需要了解两种情况下的使用理论是否有所不同。困境是更多了还是更少了？对待困境的方式是否有区别？

我们的研究由以下参与者组成：（1）20位中学和大学管理者；（2）60位人文科学的专业人士（博物馆管理者、乐团经理、剧团负责人、文科教授）；（3）40位商界经理；（4）30位教育学研究生；（5）15位文理科研究生；（6）30位刚刚进入组织发展领域的专业人士（来自英国）。参与者共有195人，其中在第（1）、（2）、（4）组中，女性占至少45%的比例，并且同组内至少有20%的人来自少数族裔。

参与者认为指示很好理解。他们提得最多的问题是写作长度。虽然我们更希望读到简洁的提纲，而不是长篇大论，但是我们还是将自主权留给了参与者。问得第二多的问题是：我们将会如何使用他们的案例？我们的回答是：参与研究的其他人将会阅读这些，并会对其进行评论，因此不要使用真实姓名和地点。

为了引出使用理论，我们设计的一个重要部分是小组讨论。拿出一个案例，参与者与负责的研究人员讨论，并明晰案例中被记录下来的、决定参与者行为的控制变量和行动策略。然后，参与者要尝试评价他们对案例中自我和他人的理解，以及该案例中体现出来的行为世界的特点。包括案例撰写者在内的所有参与者都要共同评价在案例情境中案例撰写者的有效性。

小组的质量是至关重要的，它必须是一个能够帮助其成员学习的小组。如果某些小组成员的使用理论会阻碍学习，其小组动力自然不会对学习产生促进作用。很多成员并没有在明面上显示出关心这个问题，总是试图展现其最佳的行为。这样的行为不是自发的，因此很难创造出彼此间的信任。小组讨论因此可能会陷入没有实际意义的高谈阔论。如果这种鸡尾酒会式的情况越来越明显，一些参与者就会开始对抗，即使有效的对抗可能需要成员使用尚未学习的技能。

在这种情况下，研究者就要关注小组程序的各种维度，这些维度反映了案例材料中的使用理论，鼓励参与者提供可以直接观察到的数据，尽量少给评价性的信息反馈，以及正视自身和他人面临的不协调、不一致和无效性的困境。

建立一个有益于学习使用理论的小组环境需要应对案例材料中体现出来的困境。这既包含缺点（因为这些困境阻碍学习），也包括机会（因为小组本身将自己变成意外行为的数据来源，可以据此建构使用理论）。

案例研究

接下来，根据这些指示产生的案例研究将会说明这种方法的作用。我们选择了数据最为丰富的案例。头两个案例是由一位见识广博、能说会道的牧师撰写的。他十分关注自己和他人的成长。

牧师（困难案例）。在尼克松总统做出入侵柬埔寨的决定之后的一个星期日，教堂里的50位成员举行了一次聚会，讨论他们应该如何应对这一决策。一种反应是要求在教堂前面的草坪上举行游行示威。这样做需要获得教会执行委员会的同意，因为执行委员会负责财产的使用；或者征求所有人的同意。接下来就是要等上几天，这样才能通知到教会的所有成员。但是执行委员会第二天晚上就要开会。因此决定成立一个代表小组，在执行委员会面前提出一个没有先例的请求，允许以公开示威的形式使用教堂财产抗议美国在中南半岛的政策。

执行委员会共有12名成员。主席是一位保守人士，他之前曾经对人们的不安情绪极感不适。他已经被告知要回复这个不寻常的提议。当主席进入屋子时，他发现除了执行委员会的成员之外，在场的还有教会的其他35位成员。

这样的情境给主席带来了很大的压力，因为在过去，主席在有压力的情况下并没有显示出灵活性，对此也经常感觉不适。	主席：晚上好。我注意到今天不同寻常，有很多人来参加会议了。（主席显得特别紧张。开场讲了几句话之后，他请牧师带领大家祷告。）

第三章　诊断使用理论

执行委员会的成员认为应该同意这个提议；大部分人也认为提议会被通过。将这个问题提呈执行委员会，而不是召开教会所有成员的特别会议，是对入侵柬埔寨事件的快速反应，但是这种做法剥夺了大部分教会成员，尤其是那些持有不同意见的成员，参与重大决定的机会。

很明显，就这个提议来讲，我的立场并不中立。机构教会必须对像这样的关键性道德问题做出反应。

我确信无论执行委员会是召开公开会议，还是进行代表会议，投票的结果都不会受到影响。但是，我确实希望所有在场的人都能够参与进来。

牧师：主啊，有些日子重大而痛苦。今晚我们将反省造成我们国家痛苦、人民分离的事件。在面临这些难题时，我们需要您的智慧。请让我们在信念的光芒下，面对这些问题能够彼此敞开胸怀、互相关爱。阿门。

主席：今天我们有一些客人，他们将做出一项提议。听取他们的发言之后，我们可能要举行代表会议考虑这个问题。

牧师：主席先生，我们都知道形势很不寻常。在场的每个人都是本教会的成员。今晚，我们在共同解决这个提议存在的分歧时，我们也应该考虑一下没在场的成员。

主席：我今晚带来了《罗伯特议事规则》(Robert's Rules of Order)，这可以为委员会召开代表会议做好准备。

牧师：您的提议是正确的。但是，我认为我们应该考虑如何使本教会最妥善地处理好摆在我们面前的情形，以及今晚我们决定采取的行动的影响。我们的议事程序规定所有的教会会议都对所有成员开放。

我不认为主席想通过举行代表会议隐瞒什么，他只是不想面对如此大压力的情境。 我认为主席必须承受自己的无力感，公开参与也是我们追求的目标。但是，在那个 50 多人的房间里，只有不超过两三个人可能会反对这项提议；绝大部分人支持这项提议。这种严重的失衡状态并不能代表教会所有成员的想法。主席提出要召开代表会议的想法被否决了；并以10：2 的选票通过了使用教堂草坪进行公开示威的提议。 我们立即达成了目标，但是代价是创造了一种有赢有输的情境，并且使得很多教会成员觉得自己并没有参与到教会有史以来最具里程碑的决策中来。	主席：我认为在听取提议之后进行代表会议，我们可以更加谨慎和冷静地做出决策。 牧师：无论我们今天做出何种决定，我们面临的问题是未来几天教会成员都将会知晓的事情。如果我们今晚的讨论对所有在场的人公开，我们就会听到所有的第一手观点，而不是道听途说。

读完这个案例，请注意以下几点：

1. 牧师并没有做什么事情帮助主席缓解会议压力带来的不适情绪。

2. 牧师迅速反应的愿望阻止了教会其他成员参与这个问题的讨论。具有讽刺意味的是，这与尼克松总统的介入策略如出一辙——他宣告对柬埔寨政策的方式也阻止他人

第三章 诊断使用理论

参与决策,并且很难抵制。当牧师发现自己的策略与尼克松总统一致时,十分吃惊;但是他以时间紧迫为由为自己的策略辩护。另一位参与者指出,尼克松总统可能也使用了相同的借口。其他参与者建议,牧师至少应该意识到这种困境,并且让执行委员会了解它。

3. 为了让自己如愿,牧师有意避免讨论自己的一些假设。例如,他没有公开讨论快速行动和广泛参与之间的矛盾。

讨论结束之后,牧师在纸上这样写道:

"与尼克松的策略并无二致使我备受打击;虽然尼克松和我面对的群体都包括一大部分持不同意见的人,但我们将自己的意志强加给他人,并且利用自己的权力达到目的。我们都认为自己的目标和行动是正确的、良好的;我们都创造了一个封闭的系统,导致了自我实现的预言。这并不是我有意达成的目的,但却是我的行为。我必须痛苦地接受这种结果。

"困境依然存在。在个人层面,这是我如何生存的问题。我一直为自己的政治敏锐性而自豪(这又跟尼克松一样),我坚持下来了。我的很多同事都没有坚持下来,退出了牧师这个行业。过去多年以来,在政治选举时,我总是事前就相信自己一定会'赢',我也力图使自己管辖的教区朝着特定的方向发展——一个我自己认为合适和正确的方向。

"这证明教会的本质和任务存在着困境。教会需要忠实于自身的任务，不能根据大家的共识运作。历史上教会曾经出现过叛变的事件，允许文化价值观和操守超越圣经的训导。在《旧约》中，先知们劝告以色列人悔改，耶稣也强烈地谴责当时的犹太教。他划清了与犹太教的界限，并要求其他人跟从。

"问题是：教会如何在我的领导下清晰地表明对我们这个时代的基本道德问题的立场，同时又可以不控制他人、不用强权制造出腐蚀环境、不发展出自我实现预言的非赢即输的结果呢？

"我是否相信教会的成员？我是否应该诚实地公开事实——使整个过程变得真正完全开放？这是我认为我坚守的原则，但是我的行为又说明了什么？我提倡将权力交给人民，但是却努力使人们按照我所认为正确和恰当的方向发展。如果我能够使自己确信上帝站在我这一边，我就会得到加倍的回报——不仅是赢，而且也获得了道义。教会有很长一段时间试图解决这个问题，结果却一直很糟糕。

"我强烈认为对我们的社会来说，非赢即输这样的道德问题和其他我关心的特定道德问题（种族、战争、福利等）一样重要。在道德领域，左右两派往往在极端的问题上争执不休，还诅咒对方罹患瘟疫。我必须学习一种新的行为——以人与人之间的相互信任为根基和基础，让人们能够自由地做出决定，并且提供一种真正公开、非操纵、非自我实现的过程。这才是我们的任务。"

接下来的一个星期里，在阅读并且思考了自己在课堂上建构的使用理论以后，牧师写了另外一篇文章。

"我被说服了，我的行为创造了一个封闭的系统，导致了不可测的、自证的结果。这不是我有意的设计，却是我的行为自然引导的结果。这使我害怕，因为这意味着我自发的行为滋生了一种长期存在不信任与交际手腕的系统——这与我想成为的自我形象和想做的事大相径庭。

"我知道如何能赢。我在教会里已经工作了十年……我不必学习如何变得'成功'，但是我目前的状态显示我的行为与目标之间存在巨大的差距。

"在关键的道德问题上，我已经决定了教会必须采取行动——我可以给出所有神学和圣经上的观点作为理由——因此，我控制了局面和教会会员，确保教会会以我确定是正确的方式采取行动。我的期望和预言被应验了。我赢了，但是我获得了什么？非赢即输的游戏对道德环境的毒害要远远大于所有种族主义、战争和政治丑闻对人性的抹杀。我真想大声尖叫。

"在认识到自己目前的状态之后，我认为否认和蔑视自己拥有的能力和能做好的事情是没用的。按照我自己的想法，我的需求应该是对自己行为的影响更为敏感和自觉，并开始学习（希望是如此）如何根据我最真切的想法行动。这不是非此即彼的问题，而是真实对待自己的所有，并且乐意实践新的行为方式，以免他人受到我的操纵、控制和自以为是的影响。

"我并不一定要赢。对于教会应该做什么，我并不认为自己就是智慧的代表。我准备好以开放的心态倾听他人的想法。我要创造一个他人也能出谋划策的局面——这不是指日常事务，而是重大的问题。我准备学习新知识。"

牧师之后指出，他看到了让教会按自己的意愿采取行动与保持开放心态之间的矛盾。他发现自己的信奉理论是所有人都可以参与教会的决策，但是他的使用理论最终却是控制教会成员接受他的关于教会政策的观点。他意识到自己的使用理论是一个封闭的、无法评测和自证的系统。这些看法促使他考虑并且尝试其他行为方式，并鼓励着他这么做。他归纳了三个自己要关注的问题：（1）对于我的观点，我该如何更加开放、诚实，与此同时欢迎他人质疑我的观点？（2）我该如何习得提倡自己观点的技能，并以这种方式鼓励他人提倡自己的观点？（3）机构教会是否能够对社会的基本道德问题做出反应？我该如何避免以单边控制和操纵他人的方式提出这些问题？

牧师（容易案例）。12名教会成员在静修中心度周末，牧师是领导者。小组从周六早上到半夜进行了长时间的、成功的讨论。当周日一早重新聚集时，大家都有一种成就感，感到很高兴。只有露丝一人看起来不大热切，虽然她声称自己到这里来是出于自愿，并非为了陪伴同为成员的丈夫，但她的语言和肢体行为都表现出疏离的情绪。人们告诉她可以按照自己参与的程度调整节奏。今天，她慵懒地靠在墙上，用一条毯子裹住自己；她说自己很累，还正在与感冒做斗争。

	牧师：今天早上大家都感觉怎么样？（很多人马上表示很不错。） 露丝：我很累。 牧师：你看着有点心不在焉。
周六的时候，露丝曾表示自己确信人的一生不会发生什么变化。我特别关心她的悲观主义思想。我知道对于露丝来说，保持自己的独立感和自由感很重要。当小组周日早上再次集合时，我没有想到露丝会主动说话。	露丝：我得了感冒。在我们来之前，孩子们也生病了。 牧师：你还想说些其他的吗？
这句"可能吧"是她想要与大家分享的一个开始。	露丝：可能吧。
我觉得我应该试验性地与她交流，让她知道什么时候想停下来都可以。	牧师：你可以畅所欲言。如果你想从小组里得到帮助，我们随时都在这里。但你也可以什么都不说。你是露丝，这就足够了。无论你选择做什么，为了自己做就好了。

别人在马拉松式的讨论中得到的好结果可能是露丝犹豫着开口的决定性因素。她的一句"我害怕"是我认为她已经准备好跟我们合作的线索。	露丝：我害怕。
她依然需要表现出她的意愿。	牧师：你愿意跟我说一下你害怕什么吗？ 露丝：好的。
我要她移动她身体的物理位置，以加强她的决断力。	牧师：那么何不跟我去其他地方说说呢。（我走出小组，露丝离开了墙边，加入了我。）

牧师一直处于控制的状态。他的介入减少了露丝的自由选择。例如，当牧师跟露丝说"你看着有点心不在焉"时，他将自己的感觉强加给了露丝。他的问题"你还想说些其他的吗？"是在给她施加压力，让她揭示自己的感情。他接下来以弗洛伊德的口吻回应——"你可以畅所欲言"。这再一次体现了操纵他人。告诉某人他随便做什么，事实上正是强迫这个人按照说话人的希望行动。当露丝承认自己害怕时，牧师邀请她与其"分享"自己的恐惧，而不是与小组分享。

当牧师讨论这个案例时，除了一人以外，其他所有参与者都质疑他说"你是露丝，这就足够了"这句话时的真诚度。他们认为牧师是在以这种方式逼迫露丝讨论自己的感受。

牧师说如今认识到自己的使用理论能够通过以下方式保护自己：（1）以推断性的口吻说话（"你看着有点心不在焉"）；（2）对自己操纵他人视而不见；（3）设计并且主导自己处于控制地位的情形。

城市规划师（困难案例）。另一位参与者是一名城市规划师，他执教的大学接到一个关于城市中心学生住宿以及教育设施的研究项目。城市规划师所在的研究小组想按真实情况制作原型，因此他们选择了一个私人开发即将启动的区域，也就是说，马上就要发生变化的地方。他们首先联系了私人开发商ABC公司。这家公司同意让研究者接触其技术人员。就在这个时候，由于经济衰退和当地居民的抗议，项目搁浅了。研究小组的研究基于项目会顺利进行，但项目突然停了，研究小组甚至被认为与开发商同流合污。为了解决这个问题，他们与社区居民开了座谈会。以下是这位城市规划师对这次会议的印象：

表现得很自信。假设项目还在顺利进行。	城市规划师：大家好！在场的各位都收到邀请了吧？我看到还有几位站在一边。各位何不也坐到桌子旁边？我们今天开会的原因是向大家解释大学为什么会参与这个项目。

X 无法想象这个项目。他一直厌恶自由主义者。强调研究及其中立性。甚至尝试新的从公众利益出发的解决方案，他们不知道这个概念。	X：你说的项目是什么意思？它根本没有得到许可。
	城市规划师：我指的是我们的研究项目……（他解释了研究计划。）ABC 公司参与其中，使问题变得复杂起来……
	Y：对我们来说也是如此。你们难道不是为 ABC 公司工作吗？
	城市规划师：不是的。我们来此的原因是我们的研究兴趣。（集中解释项目的学术作用和对居民的帮助。）我们与 ABC 公司的唯一联系就是他们同意我们使用他们的办公室以及浏览对这一地区的规划。
对我们的基本不信任。相信我们有些愚蠢，甚至被利用了。可能是真的。真可恨，在他们看来，我们的研究很抽象。我们是否应该解释这种抽象，承认这就是一场权力游戏？而我们只是无意地将他们的对手当成自己的合作伙伴。	Z：是的，他们可以利用你们知道我们的情况。
	城市规划师：我不这么认为……即使没有 ABC 公司，我们也可以解决这个问题。

| 他们不能理解我们真正是想要帮助他们。完全没有信任。 | Z：所以你们在帮助他们把项目做得更好。那为什么不帮助我们废止这个项目呢？你们中也有人住在这一片。但是，当然啦，你们搬家可以很容易。 |

在会议开始时，城市规划师就注意到居民们对这个项目有抵触情绪。会议的目的是讨论存在的问题。规划师并没有检验居民们是否真的具有抵触情绪。相反，他开始就表现出项目一定会继续进行的信心。

X首先问到项目是否会继续进行。城市规划师并没有鼓励X说出他真正的感受，反而私下里认为X不喜欢自由主义者。城市规划师忽略了居民代表对于项目越来越明显的敌意，其回答转而强调起研究小组的中立性和理性。

居民代表对他们的不信任愈发明显。城市规划师注意到了这种情绪；他想象这种情绪的有效基础是什么。他又一次未能表达这些想法，因为（1）这意味着他要表达自己的感受，这会导致（2）城市规划师感觉自己失去对会议的控制。这使得居民代表和他自己都无法表达真实的情绪。他又对居民代表做出了更多的判断，但是却没有验证这些判断。

在他对自己简单干预措施的描述中，城市规划师也显示了类似的策略。他说自己"掌握了"另一个会议；他对如何管理、控制并且招揽客户进行归因；他压制自己的负面情绪，也不鼓励客户表现出他们的负面情绪。为了证明这一点，我们列出了他没有与别人分享的几条评论："（1）（会议开始）建立信誉，拉拢越多的人越好，强调我们并非热门的咨询师。保持积极和循循善诱的态度。（2）参与这种会议的商家往往很保守，他们会为了追赶竞争者做些事情。（3）恭维这些人。表现出我们的谦恭，但也要让他们知道我们具备相应实力。（4）他们想对自身的信息进行保密，却想了解他人的行动。（5）他们会尽量不理会我，但我会反抗。"

社会工作者。一名社会工作者想要帮助一位她认为并未努力改变的当事人。她写道："跟他在一起时我心烦意乱，我决定要么彻底断绝和他的来往，要么更深入地探究他的问题，要么让他知道自己根本没有尝试改变的事实。最后一种选择对于我比较合适。我不喜欢浪费时间做无用功。"

我们可以看到这位社会工作者：（1）已经决定了下一回会话的走向；（2）对当事人性格进行了归类，但并没有告诉他，给他赞同或是否认的机会；（3）已经决定把失败的责任归于当事人自身，因此没有寻找在这既定的失败中自己的角色；（4）假定她要对当事人的行为负责；（5）拒绝为失败承担责任。（她说自己不喜欢浪费时间，但是一个更完整和准确的叙述可能是"我不喜欢跟自己不能帮助的当事人待在一起，因为我觉得自己要为浪费的时间承担部分责任"。）

后来，这名社会工作者这样写道："我知道自己必须放眼全局，这样我才不会回归我们原有的互动方式。我一直努力牢记自己的目标，并且强迫自己清晰地思考和评估，因为我知道他不想听到我不得不说的那些话，在我脆弱的时候我可能会倒退。"

这种策略假设社会工作者处于控制地位，并对事情负责。但是社会工作者的信奉理论是促进当事人的成长和责任心。她的困境是她面对着自己无法帮助的当事人，除非她违背自己的信奉理论。

用另一种不同的方式分析，我们可以说虽然社会工作者声称不喜欢依赖性强、被动和软弱的人，但是她选择的策略和战术却强化了当事人的这些特征。也许她需要当事人表现出这些特点，这样她才能够接受自己控制他人的倾向；她可能意识不到这一点。她甚至可能通过当事人或自己，选择了一种尽可能不面对问题的使用理论。例如，如果她认定依赖、被动和软弱是当事人的错，如果她必须控制当事人，如果当事人意识到这种使用理论，我们可以做出如下的假设：（1）当事人会发现在这些问题上难以面对这位社会工作者；（2）社会工作者和当事人应对并且探索这些事情的可能性很小；（3）社会工作者不会鼓励当事人探索有助于其成长的行为；（4）社会工作者的初始诊断（即当事人不会成长）是一种自我实现的预言。

现在让我们来看看这个案例材料：

> 社会工作者：你好像希望或期待个人变化能容易一些。
>
> 当事人：不，我不这样认为。我认为会很困难，但是我知道这对我来说是好事。但是你必须了解，我不得不在一定的约束下做事……（被社会工作者打断）
>
> 社会工作者：为什么？你现在就在"一定的约束"下做事，但你还是没什么改善。你说自己（必须）接受这些约束。这说不通；你无法自我改变，也不能期望挑战你所处的环境。
>
> 当事人：为什么不？我想说的是，如果我希望产生这样的效果，要改变的是我自己。我不能期待世界因我而改变。
>
> 社会工作者：是的，你说得对。但是我已经告诉你很多次了，你可以改变世界，这样你就可以更加充实地生活。

请注意，社会工作者没有帮助当事人认清他提到的约束。甚至当事人表达一些重要的恐惧情绪时，她还在强调当事人应该找个工作，从而改变自身环境。

当事人：我想你是对的。我知道自己不是特别自律。这是我无法改变的真实缺点之一。但是我现在看到自己的父亲失去自制，我不想像他一样，所以我要改变自己。

社会工作者：你想从多大程度上改变自己？足以使自己认真工作？不怕跟你妻子吵架？

当事人：我想教年轻人一些心理学、宗教学或者历史学。

社会工作者：你怎么认为能够胜任这些科目的教学工作？

当事人：我不知道。我想我必须拿到教师资格证，但是那是不可能的。

社会工作者：为什么？

当事人：我连大学都没上完。

社会工作者：那又怎么样？你可以继续回学校读书。

当事人：我的年龄太大，别人会嘲笑我。

社会工作者：你知道不是这样的。很多人都回到学校完成学业。就像我之前说的一样，如果你真的想做，你能够做到任何事。

教导主任。约翰是一个小镇学院主管学生的教导主任。他是黑人；他曾经尝试让学院更加包容，但是受到了上层官员的阻挠，这些官员显然从未真正做到种族融合问题的种种许诺。

约翰在工作中两面为难。一方面,他希望自己的工作方式能够令上司满意。另一方面,他认为种族融合问题对学院来说是有益的,但这会威胁到上司的利益。

约翰被叫去与校长以及其他高层官员会面。"我肯定这些人做决策根本不会考虑我的意见。但是,我也不会允许他们反复强调是黑人自己选择被隔离起来从而让自己良心得到一丝安慰。我决定采取如下行动:(1)问他们这个问题一开始为什么会被提到议事日程上来;(2)提醒他们不要忽视现有的房间分配规定;(3)强迫他们在我在场的情况下做决定;(4)提醒他们学院已经选择了融合,这意味着会出现住宿和房间的分配问题,而不仅仅是教室分配。"

接下来,约翰写了如下的对话。

	校长:约翰,你对整件事情怎么想?
当你清楚地知道我的想法时,干吗还要问我怎么想。我是黑人,黑人也是人。	约翰:彼得,雇用我的时候就有人告诉我,学院会进行融合。
那么为什么不用积极的立场说服这些种族主义者?你可能只是在融合问题上自我欺骗。	人事部主任:是的,约翰。但是你必须考虑对这个问题持不同看法的白人的态度。

这里我只感觉到气愤。我真想在自己发脾气之前冲出去！	约翰：你问我怎么想，我的感觉是原有的分配不应该改变。毕竟，我们无法预测家长的态度如何。很多学生高中时上的就是黑白融合的学校了。
	校长：是的，但是混宿是另一个问题。
对！把球踢还给我，因为如果这个问题留给你，你根本不知道如何解决。	学院院长：也许我们不应该改变分配；如果学生家长抱怨，让他们跟约翰谈吧。
那你们怎么办——学生家长还没开始抱怨呢。	人事部主任：我认为这个主意不错——当他们发现约翰是黑人时，他们就不会计较和思维狭隘了。
这最终还是你的决定，你为什么一直问我怎么想？	校长：这可能是个很糟的主意。你如何看，约翰？
我根本不信任你，但是我还是随你。	约翰：我无所谓。毕竟我的责任是解释房间的分配政策。我是否应该认为，无论我做出什么决定你们都会支持我，即便是在遇到暴怒的学生家长时也是如此？
我知道如果一些有钱的家长来质问你，你就不会支持我的决定了。我的决定当然是让学生保持混宿的现状。我不知道——也许你会支持吧。你是否一直试图做自己感觉是正确的事？	校长：当然，约翰。我们会一直支持你。但是让我们再想想这个问题，明天一早再做决定。

约翰努力地控制自己的情绪，以免大发雷霆。他压制了一些重要的情感，因为他认为这些情感会导致一个更加失控的局面。约翰可能是对的——事实上，他的上司可能希望约翰这样想。这种策略的缺点是，它允许约翰的上司继续根据与使用理论不相合的信奉理论行事。最终，约翰会发现自己也没有根据自己的价值观采取行动。

系主任。西尔万主任必须告知一位临时接受特别委任的教授不能再回到教学岗位上了。他认为自己的问题是销售人员的问题。他必须帮助教授更加实际地面对自己的处境。也就是说，从主任和他人的角度看待教授的处境。

我必须保持冷静，努力保持沟通畅通。	西尔万主任：感谢你与我见面讨论你要求明年回到教学岗位的问题。我拿到你的申请时很惊讶，因为我不知道你的感受。我以为你的新任务进展得很不错。
她怎么可能不知道？去年，她为自己的一个项目申请资助时就尝试着寻求帮助。	教授：事情并不那么顺利。如果我此前意识到这个学院的人对资助和提案如此无知的话，我压根儿就不会接受这项任务。
不要再次谈起她教学时出现的种种问题了。诚实一些，但不要提	西尔万主任：选你执行这项任务的原因之一是由于你之前对这个

第三章 诊断使用理论

出她的人际关系问题。让她知道你感谢她的所有努力。我该如何让她相信她做出了贡献?	领域很感兴趣,并且你也尝试吸收他人参与一些创造性的项目。那时,你指出如果有时间,就能够为学院做更多的事情。这一年的经历已经让你学到了很多;你无疑是学校里关于实验性项目在联邦、州和私人资助方面的专家。如果你不继续进行一年的研究,对学校来说将是重大损失。你已经提请了四项研究的资助,如果你不完成这项任务,别人也无法接手做下去。
我的上帝,她这么快就忘了吗?	教授:这是一项很困难的工作,我现在还无法知晓我的努力是否成功了。当我在教学的时候,学生们会回应我的要求,这给了我极大的欣慰;在他们的作业和课堂讨论中,我知道自己是一名成功的教师。缺少与学生的联结使我很烦恼。我知道他们喜欢跟我一起合作。他们也总是这样对我说。另外,我的哲学知识比学院里的其他人更加丰富。我已经决定了,明年我准备教学,你说过我可以自己选择。
又来了。注意你的声调。我听起来真的可信吗?我必须使她意识到这不是一个非此即彼的情境。我把问题搞砸了。	西尔万主任:我知道你为工作付出了很多,它们都十分重要。你也知道如果这些项目中的任何一个得到资助,对学校来说意义重大。没有你,这是不可能实现的。既然还

	有很多其他系关注研究方式，以改善对自己学科的学习，我希望你能够跟这些系的系主任谈谈，鼓励他们提出研究提案。你可以给他们提供帮助。我知道你会接受这项特殊的任务，再干一年，继续进行这些项目的研究。
不要把门关上，让门开着。	教授：你是在说我不能再教书了？ 西尔万主任：难道你不认为你应该好好考虑我们刚才讨论的问题吗？我们可以几天之后再见面。
保持冷静。结束这次会面。	教授：下次见面我会带上我的律师。 西尔万主任：没必要找律师吧。我相信我们可以在这里解决这个问题。考虑一下。你看星期五上午10点再见面可以吗？

在重新读过自己记录的对话之后，西尔万主任认为自己的基本假设包括如下内容：（1）他认为自己真的理解他人如何看待这种情形；（2）他感觉自己可以操控他人；（3）他感觉自己能够将他人的注意力从真正的问题上引开。西尔万主任认为自己的策略能够在保持教授冷静的同时，令自己保持强势、掌控

他人、取得胜利。

为了进行交流，主任表现得很冷静。他并没有意识到这可能会造成不一致性从而导致其他困难。他想诚实，但是在相关的关键问题上却无法做到这一点。此外，西尔万主任的奉承言不由衷；他问自己："我听起来真的可信吗？"这种言不由衷的奉承不仅会失败，而且会降低有效性。因为这反过来，无论是谁恭维他，他都将怀疑其是否真诚。

市场经理。A公司的市场经理以及其他几个代表要告知B公司的总裁，两位派驻B公司的客户代表已被提升，将由另外两位替代。市场经理认为这个举动会激怒B公司的总裁，因为B公司在安装和使用从A公司购买的复杂系统时需要这两位客户代表的技术支持。

市场经理的策略是：（1）回顾目前的进展，确定一切进展顺利；（2）宣布新的调动；（3）消除B公司总裁认为自己被A公司忽视的感觉。

采取主动，确定要完成的任务。	市场经理：我想先说明今天会议的目的。
哦，不！我们四个人已经引起了他的疑惑。看来以回顾开始的策略需要改变了。他感到有更重要的原因，我必须开门见山了。	总裁：是啊，今天会议的目的是什么？什么风把你们四位吹来啦？

	市场经理：今天的会议有两个目的。第一个显然是回顾我们合作的现状。第二个，也是这个会议最重要的目的是要公布我们的人事变动。我们的客户代表会时不时遇到很好的机会。当这个机遇发生时，我们不希望成为他们晋升的障碍。当然，我们也无法控制这些机会什么时候会来。目前对我们的代表来说就有这样的一个机会。我们很高兴地告诉你们他被提升到了一个新的职位。
哦，不！这会让我们回到原点。	总裁：你们不能在我们最需要他的时候把他调走。
当他听到这个消息时，他肯定会暴跳如雷。但是我必须告诉他，并且让他明白，这是无法更改的决定。	市场经理：你的公司已经有很大的起色了；你的人已经可以独立承担工作。我可以向你保证，新的代表也十分出色。（总裁沉默不语，不停地摇头。）我们无法决定这些机会什么时候出现，当我们的员工值得被晋升的时候，我们就应该这样做，此外，我们也还要提升另一位代表。
总裁暴怒了。	总裁：不！不！不！你们不可以这样做的。我们完全无法接受。你知道我们与你们签约的关键是你们许诺提供技术支持。我知道我拿起电话，就会有人帮助我们。你们要这样对待我吗？不！不！不！

我必须用他自己的话来反驳他。	市场经理：你做出了正确的决定。这些变化会为你提供一个机会，测试我们的技术支持和对你的承诺；给我们个机会好好表现吧。 总裁：（他的感觉可能是："我无法相信这一切。我没有选择，我不喜欢这个决定。但是他们过去一直做得很好。我会给他们一个机会。不然还能怎么样？"）听着。我知道你的意思啦。我还是无法相信。好吧，我听你们的。但是你必须对刚才的承诺负责。

市场经理原以为会议一定会引起争论。事实上，他一直向总裁强调这个决定，而没有表达他的同情，或者帮助总裁表达自己的情绪。他想控制这位总裁，防止出现任何情绪失控的状况，并且改变总裁的感受和态度。

市场经理冒犯的倾向使得总裁很担心。市场经理感觉到了这一点，决定开门见山。为此，他强调了提升优秀员工的重要性，并且补充说自己对这个决定感到高兴。这无法应对总裁的情绪，而且也不是真的；市场经理并不乐意告诉总裁这个消息，总裁也不乐意听到这个消息。这种说法导致可信度降低。

第四章

第 I 型

本章将会提出一个解释第三章所列案例的使用理论的模型，也就是它们的普遍特点、控制变量、行动策略以及主要假设。首先，我们会讨论模型的组成部分，之后是其主要假设，最后是该模型对参与者行为世界的影响结果。

收集数据

在描述我们的方法之前，需要再次强调我们试图将收集数据与参与者的学习需要联系起来。这种要求意味着数据来自那些想要了解自己的参与者，而不是测试我们的理论。因此，案例研究以及录音包含了很多与理论无关的数据。这些无关数据根据参与者的学习动机、主题类型以及收集数据时的不同条件而有所差异。

在分析案例研究时，我们使用了以下方法：我们采用了所有关于控制变量、采取的行动，以及行为世界对学习和有效性的影响的评论。关于控制变量的信息的主要推论参见：（1）案例研究中，在对话之前关于策略及目标的记录（"我的目标是使X先生同意我的意见""我相信我会赢而不会输"）；（2）对话中左栏描述参与者想法的内容（"冷静些，别情绪化""我知道他会说什么，我不会让他这么说"）；（3）参与者阅读了自己的对话之后所做的基本假设（"最好保持冷静，根据事实说话""成功就是获得你想要的"）。

关于行为策略的信息直接从对话中抽取。这些策略体现出说话人如何看待自己的行为。从这类信息中，我们推导行动是不是：（1）对环境的单边控制（"我感觉我必须在失控之前控制局面，因此我说了……"）；（2）对任务的单边控制（"我决定对付约翰的最好方式是告诉他去做……"）；（3）一厢情愿地顾及他人的脸面（"不能惹X生气对我来说很重要……"）。

为了测定对行为世界的影响，我们在一定程度上是在利用行为科学的知识推导。例如，如果某人控制了他人的任务和反应，试图获胜，我们就假设其他人会认为他们受到控制，并且／或者被置于竞争的情境。如果某人决定单方面隐藏特定的关键感情，以保护其他人，如果我们从对话中看出他难以隐藏这些感情，我们就假设他人能够感觉到这个人的防御行为。最后，如果某人试图控制环境和任务，我们就假设他人可能无法进行自由选择，也不会有内在的承诺。

当参与者识别自己行为的结果时，我们得到了额外的数据。其他的额外数据推导自参与者对他人在此案例下的反应描述；但是，这种二手的数据可能被扭曲。

我们利用其他四种方式获取更多关于结果的数据，并且验证关于控制变量和行为者行动的推论：

1. 所有参与我们研究项目的参与者都是教育情形下的学习者，这些案例也是在这种情形下讨论的。采用第Ⅰ型行为的人预测会在本研究的研讨班上表现出这种行为（会在本书第三部分进行描述）。例如，如果A的对话显示出他试图控制他人，他就可能在研讨班上表现出相同的行为。

2. 我们对参与者对其他案例的反应进行了录像。A会阅读B的案例并且告诉B他（A）会如何反应。我们假设每个我们归类为第Ⅰ型的案例都会在参与者中引发第Ⅰ型的反应。（读者们将会看到，学生们在公开自己的评估之前并不知道我们的评价。）

3. 另一个获得更多数据的机会出现在参与者在研讨班之外遇到了一种困难的介入情形，被请求给予帮助时。在这种情况下，我们能够观察到自然情境下的行为，有时我们能够将一些人包括到研讨班介入情形中。

  4. 有时我们会进行预测，并且实地检验这些预测。例如，在一个研讨班上，市场主管和销售主管共同讨论他们最困难的销售问题。第二天，他们的对话记录了与顾客的困难和容易的关系。我们分析了这些案例，并且对其进行了概括。我们将一位参与者介绍给整个研讨班，他的报告是谈谈自己（参与者后来的学习让他们知道这是使用理论）的印象，并且根据对话中的信息进行预测。由于对话体现出第 I 型行为模式，随着时间的推移，他的预测是销售人员收到来自顾客的误解和不信任将越来越多，理解顾客真正的抱怨也越来越难。销售人员会报告说顾客隐瞒信息。顾客和销售人员暗地里都会越来越多地主观猜测对方的动机，这会导致销售人员事后评论顾客的观点，并且安排与顾客见面，讨论这些观点（而不是确定自己的推论是正确的）。销售和市场主管对这些预测大吃一惊，因为这些问题正是前一晚小组讨论的最重要的五个问题。

  这些参与者记录的对话是否有效？也就是说它们能否反映真实情况？从某种意义上讲，这并不要紧，因为这些案例是用来诊断行为主体的使用理论的，而不是用来准确描述其他人的行为的。但是，有几个原因使我们相信参与者确实提供了准确的信息：（1）所有的数据都是在学习情境中收集的。我们假定人们不会给出对其行为的错误描述，否则他们在课堂上的行为就会与之不符。（2）我们假设如果人们不相信数据的有效性，他们就不会去仔细研究改变使用理论带来的心理伤害。（3）全球人口中至少有60%的人是其专业领域的成功人士，这些人不容易被行动科学家哄骗和说服。（4）最后，我们关于参与者的使用理论的大部分推论与其信奉理论相悖。每个人的数据都对自己的能力构成了巨大的挑战。很难想象人们会记录那些扭曲的案例以让自己显得无能。

让我们回到表4-1中表述的第I型。

表 4-1 第 I 型使用理论

控制变量	行动策略	对行为世界的结果	对学习的结果	有效性
1. 确定目标并试图实现它们。	1. 单方面设计和管理环境（劝说，呼吁更大的目标）。	1. 行为主体表现为防御性，不一致、不协调、竞争性强、控制欲强，害怕变得脆弱，操纵他人、压制情感，过分关注自我和他人（或不关注他人）。	1. 自我封闭。	有效性降低。
2. 最大化胜果，最小化损失。	2. 拥有并控制任务（要求拥有任务，捍卫任务的定义和执行）。	2. 防御性人际和组织关系（依赖行为主体，缺少兼容性，很少帮助他人）。	2. 单环学习。	

3. 减少产生或表达负面情绪。	3. 单方面保护自己（说话用推断性语言，且缺少可直接观察到的影响，忽视语言和行为之间的差异，通过责备、刻板、压制防御性行为来减少理智谐和性行为不一致性）。	3. 防御性规范（不信任，怯于冒险，外部承诺，强调社交手腕，以权力为中心的竞争和敌对）。	3. 不公开评测理论。大多私下评测理论。
4. 保持理性。	4. 单方面保护他人不受伤害（隐瞒信息，创建过滤信息和行为的规则，召开私人会议）。	4. 缺少选择自由、内部承诺和冒险。	

第四章 第 I 型

85

控制变量

表4-1的第一栏列出了控制变量——行为主体想要满意地达到的目标。我们识别了其中的四个变量。它们是：

确定目标并试图实现它们。 参与者很少尝试与他人达成关于意图的共识；他们很少以开放的心态对待自己被影响而改变看法。例证的陈述如下："有效的行动必须从负责确定目标的人开始。""我的一个主要任务是确保没有人会偏离会议的目的。""强有力的领导能力就是干净利落地掌控局面的能力。"

最大化胜果，最小化损失。 参与者感到一旦决定了自己的目标，改变这个目标就是一种软弱的表现："我不得不阻止X的攻击行为（改变会议的目的），但与此同时我要对他的贡献给予肯定。""如果我能成功，我的地位就会得到巩固。""让我们面对现实：生活就是政治——非赢即输。我要努力赢。""为了成功，不择手段。""发扬有利于达成目标的行为，看到相反的行为要及时转向。""赢就要正确地出牌。"

减少产生或表达负面情绪。 参与者几乎一致认为，表达负面情绪是懒惰、无能，或者缺少社交手段的表现。允许或者帮助他人表达情绪被看作一种拙劣的策略："提出尖锐的问题，但是要在友好的气氛中提。""绝不忽视或者激怒相关各方以降低他们的地位。""控制负面情绪，总是保持沉着。""特别在一开始,与其高谈阔论,不如保持低调;与其威胁,不如温柔些。""说服 X 他可以有尊严地、不失脸面地放弃自己的工作。""我试图让其他人做我要他们做的事情,即使这可能是一件痛苦的事情;我会设计好以免冒犯任何人。""要安抚,要理智——至少在开始的时候应该如此。"

保持理性。保持客观、理智,压制情感,不要情绪化:"保持冷静,不要让自己情绪化。""尽可能地保持客观。""表现出对事实有足够掌握。""人们期望政策有理性的解释,而非情绪化的理由。""做到客观、清晰,但不能显得太强势。""一旦人们知道事实,工作就基本上完成了。""如果其他人聪明理性,只要你告诉他们事实,他们就会改变立场。""控制你的情绪,即使这使你难过。"

行动策略

第二栏确定了参与者采用的行动策略,一共有四个。

单方面设计和管理环境。人们倾向于秘密地计划行动。他们试图说服和哄骗他人接受自己对某个情形的定义。如果人们具有组织方面的权力——例如牧师和西尔万主任——他们就会利用自己的权力,防止他人重新设计情境。以下是一些新的例子。

"我决定首先采取一种权威的态度,让他们意识到我们都知道这里出了问题，然后让他们继续'有监督的争论'。我知道自己不得不貌似认真地对待整件事情；如果我能够间接地使他们觉得整件事很愚蠢，而不是感到自己受到了愚弄，我就达成了自己的目标。"

"我决定说服大家接受这个他们不会喜欢的主意，因为我不得不让他们同意。我设计了这个会议，这样他们最终就会选择站在我这边了。"

"我一有机会就强化我的地位。"

"我不得不争取主动，让他们无计可施，不然所有人都会一无所获。因此，我的团队和我事先用头脑风暴法讨论了另一方可能使用的所有策略；为了保持控制地位，我会练习我要说的话。"

拥有并控制任务。这实际上是前面策略的一个特例，但却是一种非常重要的策略。例如，社会工作者假设她的任务是"使当事人脱离困境"。西尔万主任决定必须说服那个教授待在现在的岗位上；他把说服教授看成自己的责任。牧师感到帮助露丝面对恐惧是自己的责任。一些新的例子如下。

"我知道他会做什么。如果他这么做，对我们都没有好处。我认为阻止他的最好的方法是……"

"我必须快速行动，这样那些善意的同事就不会再被卷到这件事里来，甚至受到威胁，整个形势也不会失去控制。"

"虽然他们认为我们部门越来越脱离学院，但我的任务是使他们意识到学院由于我们的项目而扩大了公众影响力。"

"我决心结束想改变 A 和 B 想法的会议。我隐蔽的策略是首先使 A 意识到可能会与 B 产生的问题，之后……"

单方面保护自己。城市规划师一开始认为他应该对项目的继续进行表现得信心十足，这与他假设另外一方的敌意形成鲜明的对比。西尔万主任告诉那位教授："没必要找律师。"这些参与者倾向于采用抽象的语言交流，这与可以直接观察到的事件无关。其效果，不管是有意还是无意，是强迫其他人猜测他们的真实意图。如果其他人假设自己理解了他们的意思，并采取相应的行动，行为主体可以争辩（特别当他发现自己快要失败时）其他人并没有理解自己。这可能是种自我保护机制。这种方法的另一个问题是其他人可能会误会行为主体，并且认为行为主体拥有无效的动机。这种行为动机不会得到评测，因为表达这些行为会违背控制变量，而控制变量的基本要求是最低程度地表达情感。这种循环的结果会导致更深的误会。下面是其他的例子：

"我肯定你会同意我的意见，那个部门正面临困难。"（说话人随即提出一项补救措施，但是并没有说明困难本身。）

"大家都知道，我们正面临着组织危机。我们现在不用讨论这些危机，而是要解决它们。"

单方面保护他人。隐瞒有价值的重要信息，善意的谎言，压制情感，提供虚假的同情都是这种策略的具体体现。说话人假设他人需要被保护，并假设这个策略需要被隐藏起来；但这两个假设都没有被检测。例子如下：

"这是我们的主意，但表扬一下他，这会使他感觉良好。"

"这会满足他的自我。他喜欢进行好的理论学习。"

"我发现 X 一知半解的想法很荒谬。但是，看在他的面子上，我不会表现出我的真实想法。"

"我必须小心。他的防御性很强。我不想惹他生气。"

"我根本不同意他，但是我可以含糊过去。"这种策略接下来的公开陈述是："我明白你的意思……"

介入情形的难易区分

无论介入是容易还是困难，参与者似乎都会根据相同的控制变量和行动策略采取行动。虽然行为主体在困难案例中的防御性更强，但应用的理论基本一致。那么，为什么行为主体会把情形分为容易和困难呢？要考虑三种因素：（1）参与者的有效性程度；（2）每个人拥有多少权力和控制；（3）遭到抵制的可能性。

因此，案例被看作容易或困难取决于行为主体是否：（1）

有影响力，因为他和其他人认为他拥有权力（容易案例），或是缺乏影响力，因为他和其他人认为他没什么权力（困难案例）；（2）有影响力，因为他自己和其他人认为他是个有能力的专家（容易案例），或是缺乏影响力，因为他和其他人并不认为他是个有能力的专家（困难案例）；（3）能够轻松地用清晰的、易于接受的语言定义任务（容易案例），或是很难用清晰的、易于接受的语言定义任务（困难案例）；（4）面对愿意被动地接受帮助的当事人（容易案例），或是面对不愿意被动地接受或不认为自己需要帮助的当事人（困难案例）；（5）面对害怕表达冲突情绪的当事人（容易案例），或是面对制造冲突，却无法正视这种冲突的当事人（困难案例）；（6）不害怕拒绝，不把拒绝当回事（容易案例），或是非常害怕拒绝，把拒绝看得很重要（困难案例）。

面临的情境越困难，行为主体就越倾向于按第Ⅰ型所描述的行为采取行动。

对行为世界的结果

行为主体根据上述四种行为策略行动的程度决定了他会单方面地控制他人、保护自己。如果成功的话，这种行为将控制他人并且防止行为主体受到外界影响。但是，如果行为主体对付的人不愿受到他控制，反而要控制行为主体时，会发生什么？我们可以预测下面四种结果。（1）行为主体将变得充满防御性。诸如社会工作者和西尔万主任这样的人将会成为权威，因为他们能够对他人实施单边控制。其他人会害怕自己的脆弱，因此会特别关注自己，对他人漠不关心，就像城市规划师和市场经理一样。（2）人际和组织间关系会变得深具防御性，团体动力会变得僵化，更加倾向于输赢而不是合作的情况。（3）个人、人际关系和群体行为中的防御体系将会生成支持这种行为的规范，这些生成的规范会是一致、对抗和不信任，而非个性、关心和信任。（4）缺乏探求并研究新信息和新方法的自由。鉴于有前三种结果，这种结果是可以理解的。在探求并确认目标，探求实现这些目标的方法，以及设定现实却具有挑战性的期望值等方面都将缺乏自由，这种结果会导致对团队决策缺乏承诺，不愿冒风险。

一个有 60 名成员的小组对西尔万主任的案例进行了讨论，小组组员的案例研究体现出他们的价值观和行为属于第 I 型。我们预测，这些参与者会用第 I 型讨论这个问题。小组讨论活动被分成几个阶段。首先，参与者需要向扮演西尔万主任的教员提出建议。每个学生都要问几个问题或者做出几项评论。

我们选择了 3 位观察者，公开指导他们观察教师的行为，以判断扮演西尔万主任的教员是否在给咨询师制造困难。当然，观察者的任务不止这些。这项任务是按教员的要求设定的，目的是使其行为经得起对质，同时也邀请整个班级对其提出质疑。

角色扮演开始了。26位参与者开始介入，所有人的行为都遵循第Ⅰ型；他们谴责西尔万主任，告诫他、强迫他，并且为他提供了高度抽象的解决方案。例如：（1）"西尔万主任，你是否认识到自己的行为没给教授带来任何好处。"（2）"你看起来更关心学院，而不是教授。让我以你的话为例说明这一点……"（3）"你是否意识到你关心自己的问题多于关心教授的问题？"（4）"让我着急的是你不够坦诚。"（5）"西尔万主任，你作为主任和普通人都很失败。"

扮演西尔万主任的教员尽可能地用支持性的口吻回应这些陈述：（1）"是的，我知道。这就是我让你们来帮助我学习如何更有效地行动的原因。"（2）"你说得很对，当时我并没有像现在一样意识到这些。"（3）"这取决于你如何看待这个问题。我知道我当时害怕会伤害那位教授。"（4）"这也让我焦急。我想让学习变得更加坦诚。"（5）"是的，我感觉我想变得更为有效。"

西尔万主任的合作态度得到了3位观察者的肯定。"他用尽办法与你们每个人和睦相处。"一位观察者说。"他确实是这样做的，他真的成了一个好人。"另一位补充道。班级的很多成员表示真正的西尔万主任可能并不会与顾问这么合作。教员回答说，他尽可能努力地与他人合作。这样如果顾问的行为无效，他们就无法因无效而指责他了。

一些班级成员后来说，如果扮演西尔万主任的人更为防御，他们的行为就会更加有效。（我们可以预测将由那些采用第 I 型的人扮演这个角色。）教员说他乐意试试这样的行为。整个班级就这种情况是否会导致他们行为的差异，各持己见，争执不下。

一位学生要求大家讨论顾问的解决方案：（1）你需要更好地与教师交流；（2）也许评估项目会避免出现这样的问题；（3）你应该更敏感地对待教授；（4）你对教授的个人发展负责，我建议你安排一个帮助教师自我发展的研讨班；（5）你应该采取的第一步措施是与教授再次会面，坦诚相待，即使这意味着会对她造成打击。

这些结论表明了顾问介入措施的单边评价和控制的本质。更重要的是，体现了对话的抽象本质。"更敏感一些""建立有效的评估方案"以及"进行有效的交流"，所有这些建议西尔万主任都喜欢并且赞同。但是，他的问题是如何更加敏感地行动，如何制定一个有效的评估方案以及如何有效地交流。

在研讨班的下一个阶段，参与者有争议的互动越来越多。他们提出的所有介入措施又都是评价性、归因性（几乎没有可以直接观察的数据）和竞争性的。很快，参与者感到沮丧。一个学生说："我们一点进展也没有。"很多人同意这个看法，但是不知道下一步该如何做。

一位参与者认为班级太大，如果顾问和西尔万主任的距离近点，情况就会好一些。教员询问学生是否愿意验证这个想法，很多人点头表示同意。五位顾问和教员一起在班级面前进行了角色扮演的咨询活动，结果还是一样。产生的唯一新数据就是学生们意识到他们自己的竞争性。

接下来，一些班级成员建议由一至两位顾问与教师合作。所有人同意了这个意见，班级分成了多个小组，每组要为一至两位顾问和系主任之间的互动设计一种更有效的干预措施。小组可以在课后随时见面讨论，发展他们的策略，选择一个（或更多的）顾问，并且训练他们执行自己的策略。

小组这样的小型团体的讨论结果仍然表现出第Ⅰ型策略和行为。例如：（1）"西尔万主任需要强势一些——他太软弱，需要帮助。"（2）"批评西尔万主任的软弱，给他负面的推动力，再认可他立场坚定，给他正面的推动力。"（3）"我们应该如何说服西尔万主任并且消除他对教授的刻板看法，让他表现得模棱两可呢？"（4）"主任需要在学校进行一场革命，我们应该帮助他看到这一点。"（5）"让西尔万主任对教授说实话，但是不要让她心烦。"（6）"西尔万主任的谈话开始必须强硬，然后可以做一点让步,之后再强硬,再让一点步。"(7)"西尔万主任必须防止教授和他本人丢面子。"(8)"他必须承认自己错了,并且让教授也承认自己错了。"(9)"我觉得我们的任务应该是为主任建立起自信——这应该从情感上开始建立起来。"(10)"主任的问题是他无法做个硬汉。"(11)"如果我们这样鼓励西尔万,可能会鼓励教授继续教书,那就意味着失败。"(12)"无论怎么看,西尔万主任都要面临不快。"

对学习的结果

考虑到控制变量、描述过的行动策略及其对行为世界的结果(行为主体的防御性、人际关系和规范),我们假设使用理论无法被公开检验。在将近两百个书面案例中,只有两个行为主体试图公开地检验自己的使用理论。我们对此的解释如下:为了检验自己的使用理论,人们必须面对许多问题,诸如自己和他人的防御性以及群体的无效性。表现出自己的防御可能使行为主体面临对抗,可能令其认为这会削弱他的地位,并且导致他害怕失败,而不是获胜。讨论他人的防御性可能会导致他人的难堪和气愤,表达出负面情绪以及对行为主体的抗拒。这就与要求赢、减少负面情绪和抑制任何情感的控制变量相悖。

如果无法真实地检验某人的使用理论,而此人又必须采取行动，那他就会根据未加验证的使用理论采取行动。由于根据某人的使用理论采取行动会对行为世界产生影响，因此可能会出现自我封闭的过程。接下来的例子说明了这种过程如何起作用。

A认为B的防御性强：如果A无法检验这种想法，并且根据这种直觉采取行动，B可能会疑惑A为什么采取这种行为方式，并且提高警惕。A将感觉到B的警惕，可能将其作为B的行为具有防御性的证据。

A没有经过验证就认为，如果表现出自己对B具有防御性的看法，他与B的情形就会不好控制。因此，B无须面对自己的信奉理论和使用理论之间的差异。但是，还有一个结果是，A的行为与其信仰也不一致。这种不一致和隐藏情感的规范得到强化，又使A更加坚定对B的原有看法。

A认为他不能告诉B自己想要什么——他认为B在与自己的关系中拥有更大的权力。他也相信自己无法检验这个假设，因为这样做必须冒着导致B负面反应的风险。因此，他谨慎地试探B，开始的要求比实际上想的要少得多。B感觉A的要求琐碎，因此也用自己认为合适的方式做出反应——漫不经心的态度；B也没有检验自己对A的需求的判断。A将B的行为看作B没有看重自己的证明，决定不再跟B谈这件事。

A认为B能力不足，还相信自己不能将B的无能挑明，因为 B 无法忍受这个事实。因此，A 尽量抑制自己对 B 的无能的感受，试图以恭维 B 在另一件事情上的优秀表现让 B 不去想 A 认为 B 难以胜任的那件事情。B 怀疑 A 的恭维，但是他没有直接向 A 说明自己的怀疑，并将其当成一种欺骗而迁怒于 A。B 没有检验自己对 A 的欺骗行为的看法，而是坚持要做 A 认为他不能胜任的那件事情。由于受到不能向 B 挑明其无能这一 A 设定的假设的限制，A 现在无法告诉 B 他为什么不能继续胜任这种情形。

公开检验某人在某一情形中的使用理论，对发展确认或否定假设（单环学习）的信息来说十分重要；这种检验也能够发展另外一种信息，这种信息可以使他人检测关于行为主体的假设，因此给行为主体提供更多的机会再次检验这些假设（双环学习）。缺乏这种公开检验可能会营造自我封闭的过程。在第一部分中提到，个人不仅帮助创造了其使用理论的产物——行为世界，还可能一直不愿摒弃原有的使用理论的假设。而正是由于这些假设，他就无法创造一个不一样的行为世界。

但是，公开检测使用理论必须以开放的态度改变自己的行为，这也是学习的一个功能。行为主体需要接收来自他人的真实反馈。如果他们能够提供这些反馈，特别是冒着风险提供反馈，但却感受到行为主体并没准备好改变，他们可能感到将自己置于一个难堪的境地。他们对行为主体可能会越来越不信任，但是这个事实会被抑制。结果会导致另一系列的自我封闭过程，这会在行为主体再次试图公开检验某种假设时妨碍行为主体接受可靠的信息。当行为主体确信自己无法公开检测自己的假设时，他就会转为私下验证，这就愈发增加了导致自我封闭过程的可能性。

图 4-1 表明了与公开和私下检验以及对改变的开放程度有关的四种条件。如果某人接收了来自他人的有效信息，并且私下检验了自己的假设，但不愿进行改变，那么（1）不会产生学习以及行为改变。如果某人私下检验了自己的假设，而且愿意改变，那么（2）可能会产生学习，但它并不取决于他人有意提供的有效信息。如果某人公开地检验了自己的假设，但是不愿意改变，那么（3）结果可能导致之前例子中描述的双边防御的自我封闭情形。最有效的学习案例是（4）：公开检验假设，并因此愿意改变行为。（公开检验与私下检验的差异以及接受改变与拒绝改变的差异，事实上只是程度上的差异，并不是为了阐明论题的双元选择。）

对待改变的态度	检验	
	私下	公开
拒绝	1	2
接受	3	4

图 4-1

在不能对假设进行公开检测，不愿承担风险的条件下，导致自我封闭过程的可能性就会很高。在这种情况下，我们相信人们不会质疑第 I 型的控制变量。根据第 I 型的学习行为会鼓励保留第 I 型控制变量的学习以及第 I 型创造的行为世界；这是单环学习，而非双环学习。

主要假设

我们已经在案例中对控制变量和行动策略进行了讨论，这些讨论提到了第 I 型的一些主要假设，这些假设总结如下：

这是一个非赢即输的世界。每个人都想赢，避免输；在与他人的互动中，我要竞争。这种假设是控制变量"尽可能赢，避免输"的一部分。参与者的评论显示了他们拥有这种假设；这种假设也通过行为主体对自己作为竞争者的显性或者隐性的定义体现出来。

讨论这个假设的真假性是一个很奇怪的问题。因为，正如我们之前所说的那样，行为主体可以通过自己的行为使其为真。这个假设与"赢……"这个控制变量，以及设计用来执行这个假设的行动策略，最终会导致行动主体的行为，这导致他人非赢即输、竞争的多种行为——即使面对的行为基于一个不同的假设，他人仍可能采取不同的行为。无法确定第 I 型的行为是否可以创建一个否认这个假设的行为世界。

其他人根据第Ⅰ型的假设采取行动。在第一种假设中，这个论断是成立的。参与者的案例表明他人也会重视输赢，而且控制性、防御性强，并会隐瞒关键信息等。在第一种假设的情况下，我们已经描述了基于这些假设的行为将会如何导致或者强化他人的第Ⅰ型行为。

理性行为最有效。理性行为意味着客观、理智和非感情用事。案例表明，这种行为并不能帮助行为主体达成目标。但是，第Ⅰ型倾向于阻碍人们发现这类行为的无效性，并且阻碍人们基于不同假设对行为进行探究。

公开检验假设导致无法忍受的风险。在审视的案例中，我们已经引证了参与者所有的这种假设。我们也就第Ⅰ型行为的控制变量和行动策略强化这种假设的方式进行了解释。

这种假设在第Ⅰ型的行为世界中越来越真实；也就是说，当防御性循环机制增强时，公开检验假设的风险也会增加。这些风险是否达到"无法承受"的程度取决于对公开检验假设失败后的风险分析——正是因为这些风险难以预料，难以计算出"无法承受"的程度。

这个列表只是一个例证，而无法穷尽第Ⅰ型的主要假设。但它给出了第Ⅰ型造成的结果：（1）一个某些假设成真的行为世界；（2）自我封闭的过程，行为主体可能无法发现一个这些假设不再真实的行为世界。

长期的动力

对第 I 型学习结果的推断让我们能够假设第 I 型驱动的行为世界的长期动力。对第 I 型行为的反馈增强了个体的防御性，导致组织内部和组织间行为失效。这常常会导致控制变量（"减少自我和他人的负面情绪表达"）和行动策略（"单方面保护他人"）的安全值失效的情况。第 I 型创造了一种复合型世界——一种前文明、充满竞争、敌意和防御、非赢即输的世界。在这个世界里，压抑、遏制和扭曲被嫁接入文明。这样的行为世界以马基雅维利式的安全标准维持着脆弱的平衡。

但是，这些安全标准无法消除困难，只能压制它们。而这需要新的防御，而新的防御又强化了系统内部的紧张。当紧张程度加剧时，拒绝承认这种紧张与拒绝表达这种情感的防御性行为就会越来越强势。这种防御行为不仅为情绪的表达拧紧盖子，而且压制了能够凸显紧张或者加剧紧张的观点。但是，如果系统要减少自我强化的反馈，增加正确的反馈，就必须让这些观点表达出来。最后，第 I 型还营造了一个因层层防御导致惰性而形成的停滞不前的世界，或一个会发生阶段性剧烈变化的世界。

第四章 第I型

如果在我们的机构和组织中流行的使用理论是第I型的话，我们就可以理解为什么必须通过革命才能产生双环学习。这也说明由革命创造的行为世界为什么会再次停滞不前、自我封闭，除非通过下一次革命，否则就不能再进行双环学习。

我们社会中遵循第I型的大部分机构和组织确实必须维持一个假设——或者更确切地说是一种弄清我们行为世界困境特点的视角。我们样本中的案例的确表现出第I型的行为模式。迄今为止，第I型的应用似乎并不受年龄、专业、种族、收入水平或者活动领域的限制；不管是头脑冷静的商人还是军事革命者，不管是黑人还是白人，不管是不安分的年轻人还是中年人，它都普遍存在。

不同人的第I型的程度可能不同。行为主体的行为可能十分倾向于非赢即输的竞争，但是如果不处在特定的情形，他就不会表现出来。同样，如果不遇到牵扯自己的情形和事件，其他人对行为主体的反应可能也不会像第I型预测的一样。时间问题也会影响第I型的应用。例如，如果人们知道他们不会再见面，其行为就可能会减少或消除第I型行为模式描述的防御行为。或者，自我接受和自治的低认可度——也就是说，那些愿意顺从他人或者自我认可度很低的人——可能不像第I型描述的那样对行为主体做出防御反应。

学习第 I 型

第 I 型的行为模式有很多缺点，奇怪的是我们的参与者应该已经意识到这一失效的行为模式，但更奇怪的是他们仍然坚持这种行为模式。如果我们接受第 I 型在社会中普遍存在的假设，那么我们的疑问就涉及整个社会。虽然这些问题并没有证据充分的答案，但我们有一些建议。

儿童从父母或者其他重要人物那里习得第 I 型，因为家庭、学校和其他社会情形的行为世界遵从第 I 型。第 I 型可以通过第 I 型过程习得——科尔曼（Kelman）把基于奖惩而不是内化方式的学习称为顺从和识别。人们根据这种过程尝试新的行为，使其变成自己技能的一部分，因为这种行为本质上令人满意。

第 I 型的学习与很多学者提到的两种典型的社会机制相吻合——归因和社会评价。归因指不公开检验就单方面地将自己的意愿赋予他人。社会评价指人们私下里将自己与他人进行比较，不进行公开检验。两种过程都强化第 I 型，并且也被第 I 型强化。

一旦人们发现自己处于组织之中，他们就可能面临第 I 型占主导地位的行为世界。关于工程、技术和经济学中存在特殊类型的理性假设在应用到组织领域时表明，人们往往被教育如果想要在人际关系问题上成功或者完成某项任务，就必须按照如下指示行动：(1)专注于以任务为导向的行为——完成工作；奖赏不是因为努力，而是成功。(2)强调理性行为，忽略并且压抑情感；情感表达得越多，越有可能遇到人际关系方面的困难并最终遭遇抵制。(3)强调通过设计他人的世界实施控制；对他人实施奖惩，期待他们忠实于自己，即忠实前两种指示隐含的价值观。

持有这些价值观的成人倾向于构建强调竞争、拒绝他人帮助、顺从、隐藏敌意、不信任，并忽视合作、助人、个性和信任的人际关系。在这些条件下，人们可能会学习给出并接受真正认同或者否定的反馈信息，但是事实上他们并不去提供这些信息。处理人际关系的技巧、讲文明、压抑情感、抑制愤怒和受伤害的情绪只是几种人们学习保持人际关系和谐的普通例子。戈夫曼（Gofman）的著作通过案例讲述了个人应该如何学习人际交往技巧和政策，从而在难辨真伪的世界中生活。

成人可能在学习工程学和经济学逻辑的同时就被灌输要重视归因以及社会评价。他们再通过榜样的作用将这些价值观传递给孩子，并且要求他们遵守并且/或者认同这些价值观。在某种程度上，成人使用第I型就意味着他们将倾向于低自我认同、低信任、低开放性，以及缺少公开检验和学习。受这些特点的影响，顺从和认同可能是学习第I型的两个主要过程。

我们的论证已经分析了人们倾向于使用第I型的原因。大多数人意识不到自己的使用理论，因此就意识不到第I型。第I型导致的一个结果是它鼓励对反馈的抑制（如果人们想要改变自己的行为，就需要这种反馈），并且隐藏这种抑制造成的消极后果。多年以来，人们一直认为这些防御和欺骗手段能够拯救自己于困境之中，人们可能将这些手段内化。他们把这些防御行为传授给自己的孩子，并且设计强化防御的世界，将防御看作成熟、稳重、自尊的成人的特点。在这些条件下，人们可能相信自己重视学习、自我认可或者提倡新颖，但是并不知道如何根据这些价值观行动。

根据第I型行动的人容易发展出支持第I型的群体形式——例如组织结构和政策——并且习惯这些形式。第I型的条件相互聚集并且互相强化，不管个人愿不愿意，紧张、群体之间的竞争、自我封闭的归因，或者政治欺骗被看作像苹果派一样自然。一旦这些成为社会的普遍现象，人们就不觉得有必要改变，甚至可能想达成或者适应这些过程。甚至那些受同事朋友的自我封闭式行为影响的人也开始忽视这些行为；他们的说法是，"如果你像我一样了解他，你就会知道，在他坚硬的外表下隐藏着金子般的心"。

第五章

第 II 型

本章将提出另一种使用理论的模型,这种模型不存在第 I 型的缺陷。我们研究的参与者和其他人使我们假定,对于能够减少第 I 型的负面结果,促进成长、学习和有效性的使用理论模型有强烈的需求。研究表明,人们需要一种能力,并且努力在其人际交往中变得更为有效。

我们也假定只要第 II 型包含社会各个阶级、各个层次的人都强烈认同的控制变量,第 II 型也可以被人们接受。第 II 型让那些在我们社会中虽然不经常提及,但广泛信奉的控制变量具有可操作性。

虽然第 II 型的提法是新的,但它的几个重要假设都基于阿吉里斯之前做过的研究。作者们在教室和组织环境中对一地学习并且帮助他人学习如何根据第 II 型采取行动。因此,我们针对第 II 型的结果将部分以模型本身的逻辑为基础，部分以之前的研究为基础，部分以我们实践第 II 型时开始创造的行为世界的经验为基础。表 5-1 呈现了第 II 型的使用理论。

控制变量

要最好地理解第 II 型的控制变量，我们要先回顾一下第 I 型。第 I 型包括竞争、非赢即输、理性以及自我封闭的对外交往行为。最后一种特征最为重要，因为它通过妨碍学习，阻止使用理论的相合性、一致性以及有效性的提高。因此，第 II 型最重要的特点是其并非自我封闭的，它允许逐步地检验假设的有效性，并不断学习和改善个体有效性。第 II 型的关键控制变量如下。

最大化有效信息。这是最重要的控制变量，因为它维护了其他的控制变量，而且行动策略也以此为基础。

人们应对现实的方式是将其转化为可以理解的或者可以归因的意义。这些意义是建构我们的微观使用理论的组成部分。每个意义都有指定的数据，以可以直接观测到的日常数据或者实验室数据为基础，对物理环境进行归因建设一直是科学哲学以及心理学经常讨论的过程。这种讨论使用的概念包括：感官数据、假设形成、肯定或否定、实验或者理论建构。形成关于

表 5-1 第 II 型使用理论

控制变量	行动策略	对行为世界的结果	对学习的结果	对生活质量的结果	有效性
1. 有效的信息。	1. 设计以参与者为原点,并可以经历与个人高度关联的情形和环境,认可、理解、成就感,重要性。	1. 行为主体经历尽可能少的防御性（推动者、合作者和选择创造者）。	1. 否认过程。	1. 生活质量更积极而非更消极（高真实性和选择的高自由度）。	
2. 自由知情的选择。	2. 联合控制任务。	2. 防御性最小的人际关系和组织动力。	2. 双环学习。	2. 问题解决的有效性,良好的决策,特别是针对难题。	增加长期有效性。
3. 对选择并持续监督其执行的内在承诺。	3. 自我保护提一种合作行为,并以成长为方向（发言根据可直接观察的行为,减少自身不一致性和不相合性导致的盲目性）。	3. 以学习为导向的规范（信任、个性、公开面对难题）。	3. 公开检测理论。		
	4. 对他人的双边保护。				

他人的归因意义取决于他人行为提供的数据。虽然并非尽皆如此，但大部分这样的数据取决于他人做出的能够提供信息的选择。因此，他人可能会选择给出那些能够精确解读的行为，或者会抑制这样的行为。人们可以针对自己的情感、信仰、假设以及心情给出精确的报告，当然，他们也可以隐瞒这些。事实上，像我们观察到的一样，人们甚至可能会作假。

有效信息的最大化意味着行为主体向他人提供可以直接观测到的数据，并且会修正报告，使其能够对行为主体进行有效的归因。它还指创造条件引导他人提供可以直接观测到的数据及修改报告，从而使他人能够做出正确的归因。

最大化自由知情的选择。知情的选择是指基于相关信息的选择。人们越是能够认识到与其决定有关的变量的价值，就越有可能进行知情的选择。一种选择是否自由取决于做选择的人能否——确定自己的目标；确定如何达成这些目标；确定其力所能及的目标；将该目标与关键的个人需要相结合，而且不需要使用超出其控制的防御机制（最后两项以本研究的假设为基础）。

从某种程度上说，如果某人无法控制自己的行为，那么他的行为就会充满强迫性和重复性；虽然他不想，但自己的举动是可以预测的、强迫性的。库比（Kubie）已经指出，这类反应可能是神经过敏性行为的核心部分。因此，人们自由选择的界限由其防御机制决定，而这是不受其控制的。

人们的期待必须在自己的能力范围之内，否则就会感到沮丧，而沮丧又会导致退化，结果导致有效性下降，而有效性下降会导致更深的沮丧。当沮丧情绪无以复加时，人类的认知和情绪补偿变得更加原始。变化越大，人们解决问题的能力就越原始，其选择的自由就越少。

反之，人们不需学习就获取的目标越多，其行为就越程序化、重复化和例行化。人们的生活越是重复，其就越会原始化，选择的自由度就越小。

因此，选择自由取决于满足心理成就感的最低条件。人们对环境的挑战不能满足于日常例行的行为，但也不能超越人们的能力，否则就可能产生挫折感。选择自由还取决于人们采取不受自己控制的、无防御机制的行为的能力大小。

这些条件是动态的。人们可能会逐渐难以忍受挫折感，也因此愈发无法产生非例行性的行动，并且愈发受其防御行为的限制。或者人们也可能逐渐能够忍受挫折感，在自己的环境中创造越来越多的挑战机会，并且消除他无法控制的防御行为。

最大化对决策的内在承诺。内在承诺是指人们感到自己得为自己的选择负责。人们承诺做出一个行动是因为这个行动存在内在满足感，而不是像第 I 型一样由于受到奖励或者惩罚而承诺某件事情。

这三种控制变量通过以下方式相互关联。有效信息对知情的选择是至关重要的。选择自由取决于人们在可以承受的范围内选择挑战自我的目标的能力，这又取决于有效的信息。人们对自由的决定更可能做出内在承诺。感到对自己的决策负责的人往往会监督自己的决策，以检查它们是否得到了有效执行，而且会寻找反馈，纠正错误，发现计划外的后果，并且会因此倾向于获取有效的信息。

自由而知情的选择以及内在承诺增加了产生心理成就感的可能性，这将反过来增加自由选择的经验。在我们讨论行动策略时，会更加深入地讨论第 II 型控制变量之间的关系。

行动策略

使设计和管理环境成为双边任务。 如果所有的参与者都要经历自由的选择，形成对于情境的内在承诺，那么对情境的控制必须由所有参与者共同分享。特别是在设计情境时，应该使所有的参与者都有心理成就感。这意味着行为主体要帮助他人确定他们自己的目标，确定实现这些目标的途径，开发期待的现实水平，并且把目标与他们的核心需要结合起来。这还意味着行为主体可以邀请他人在这个过程中帮助自己。行为主体可以尝试创造一个自己和他人相互认可或者否认的情形——也就是说，一种能够根据有效信息检验假设的情形。在创造这些情形时，行为主体会使自己和他人感觉到自身对这个过程的重要性。一旦这三种因素产生，就会产生对选择的内在承诺。

选择自由以及对选择的内在承诺既是上述过程的条件，也是上述过程的结果。如果人们要帮助他人，就需要自由选择和内在承诺。如果人们想要通过他人提供信息帮助自我的话，他人要想有帮助，就必须能够自由选择。

使自我保护或保护他人成为一种联合任务。在行为世界里的每一种情况下，人们都是互相依存的。因此，单方面的自我保护或保护他人必定会对所有人产生影响。在西尔万主任的例子中，他通过单方面的决定不让教授知道自己对其教学能力的怀疑来保护她，这剥夺了她对这种想法做出反应的自由。他竭力避免面对这个预料中的反应来保护自己也造成了同样的影响。除非所有参与者都确信以成长为导向的策略不可能存在时，否则就不应该单方面地自我保护或者保护他人。

发言根据可直接观察的行为。最大化关于自己和他人的有效信息，要求行为主体根据可以直接观察到的行为发言，而不能主观地归因和推测。这样做还可以使他人对行为主体的依赖程度降到最低，并且鼓励他人不依据行为主体的解释形成独立理解。这很可能会减少行为主体对他人的威胁，而这会促使他人提供有效信息。讨论可以直接观察到的行为以及使用有效信息，使人们能够面对自己使用理论的不一致性，以及使用理论和信奉理论之间的不相合性。这也为探究和学习提供了导向。

对行为世界和学习的结果

如果个人根据第 II 型的控制变量和行动策略采取行动，他人就会将其看作防御性低、对学习抱有开放态度的促进者、合作者。他们也会在坚信自己的使用理论（因为他们有着对使用理论的内在承诺）的同时，愿意接受这些理论被挑战和被检验。这时，人际和组织关系内的防御性会降低，人们会乐意帮助他人，进行更为开放的讨论，互利互惠，并且自由探索不同的观点，表达有风险的观点。此外，群体规范的防御性也会降低，并朝着成长和双环学习方向发展，例如信任、个性、权力分享和合作等因素会成为规范，失效的竞争会受到挑战。当人们重视这些规范时，真实性、自治性和内在承诺会趋向于增加。

在第 II 型的行为世界里，参与者更易于公开检验自己的使用理论的假设；他们对这种检验后的行为可能带来的变化持开放的态度。归因则会在公开的场合下形成，并以可以直接观测的数据为基础。

学习的循环可能会启动。当人们体会到更多的心理成就感，体验到更多的共同认可和否定的可能性时，个人便会表现出更高水平的自我意识和认可，而这会带来有效信息，从而促成心理成就感。当群体表现出更高水平的开放性和试验性，并且更为重视个性时，个人就会更加自由地提供有效信息，从而强化这些群体特征。当人们感受到更高程度的选择自由、信任和真实性时，他们就更加愿意公开检验自己的假设。这种行为反过来又会使他人感受到更多的选择自由、信任和真实性。所有这些都会导致人们更加愿意提供在检验自己的假设时所需要的有效信息。总的说来，第 II 型学习会促进他人的学习，而这样又会反过来促进自身的学习。

第 II 型行为世界易于引发单环学习和双环学习——导致人们的使用理论的控制变量发生变化的学习。例如，对环境的双边设计和管理改变人们对任务的最初理解。

以第 II 型为基础的使用理论不容易变得自我封闭。质疑并改变控制变量价值的能力改变了行动策略及其结果，而这带来了一个促进学习和成长的行为世界。

我们相信，这些基于控制变量和行动策略的第 II 型预测结果存在内在可能性。就像我们之前的案例一样，这些结果也基于早先的研究，我们会在第三部分进行讨论。另外，对第 II 型的描述也会引发下面一些复杂的相关问题，我们也会在第三部分进行讨论。

第 II 型是否假设人们没有自己的目标，他们愿意放弃自己认为需要的利益，从而达成对任务一致、双边的看法呢？

第 II 型是否假设世界不再具有竞争性、不再是非赢即输的本质？是否假设所有的冲突都可以通过联合设计和管理得以解决？

第 II 型的应用存在哪些局限性？人们根据第 II 型的行动在多大程度上受到内在心理特征的影响？例如，防御性、个人不安全感和焦虑是无法在此时此刻与试图根据第 II 型行动的人互动就能发生改变的。哪个阶段应该停止第 II 型，开始心理治疗？如果同一情形中的他人没有准备好根据第 II 型行动，我们该如何达成第 II 型的行为？

第 II 型是否要求我们因为无法以理性形式表达的情绪就放弃自发性、直觉和行动？

方法论注解

第 I 型和第 II 型并没有预测个体变量——变量 X 与变量 Y 的关系。两种模型预测人们会根据一系列因素行动。第一部分已经显示，任何情形都是高度复杂的，并由高度相关的紧密联系、受制于不同层次分析的变量组成。像"X 是 Y 的一种功能"这样严谨的陈述几乎不可能提高人类行为的有效性。这类陈述可能无法代表特定的行为。我们的任务是识别行动主体要提高在任何情形下行为的有效性时需要管理的变量模式。

但是，即使行为科学知识可以教授个人应该如何控制某种局面，这类知识也只会帮助人们根据第 I 型采取行动。第 II 型教给人们在识别重要变量及其关系时如何纳入其他相关人员。

传统的研究倾向于创造与第 I 型相合的参与者—研究者关系。我们的目标不是强化这种类型的专业技术，而是开发符合第 II 型的研究方法以及手段。如果这个目标能够实现，研究活动和学习活动就会互相强化；这又反过来会增加参与者给我们提供真实信息的可能性。

要想使研究方法和手段接近第 II 型，必须符合四个标准：（1）研究设计不能由研究者单方面管控。也不能要求参与者只是为了给人类行为知识做贡献而进行简单的合作。（2）使用的研究方法应该产生直接观察到的数据，以便参与者用来设计并运用其学习经历。不应使用推理的方法（例如，不收集实际案例的问卷调查或访谈）。（3）研究者应该公开陈述在任何阶段做出的假设。设计的研究关系应该保证参与者有强烈的动机提供有效信息；因此，对变量和假设的公开陈述才不至于造成数据的扭曲。换句话说，研究者关于数据被污染的担心应该告知参与者。这就要求监测他们提供的是研究者想要的反应还是代表他们真实想法的反应。我们希望设计的研究情形应该让参与者愿意提供有效信息。（4）在我们要营造的研究情形中，参与者应该乐意对假设进行公开严谨的检验，并且愿意持续监督研究者的行为。

简而言之，我们想要设计由第 II 型变量决定的研究方法，这会产生双环学习，增加有效性。我们决定，我们可以在小型群组和大型群组中产生第 II 型的研究方法，帮助个体从第 I 型行为转化为第 II 型行为。

我们认为转化的过程对参与者来说是困难的，存在着紧张和挫折感。根据他们坚持的程度，我们会鼓励那些愿意尝试不同学习经验的参与者（每个人都可能变成理论的测试模式），只要他们觉得有必要，我们会帮助他们进行尽可能多的重复（这会给予我们充足的机会重新测试和复制）。这种强烈的学习动机加上学习的巨大情感成本会促使参与者用严谨的手段评估实践；他们会通过积极地检验自己的假设来参与那些他们认为有必要的实践。

我们的方法是对参与者的案例研究进行分析，并且评估其行为与第 I 型或者第 II 型的切合度；大量的案例属于第 I 型。多位参与者的描述近似于第 II 型，但是其实际的行为却与第 I 型相吻合。

接下来，我们对每位参与者在班级中的行为进行了公开预测；我们分配给参与者进行环境设计的任务——例如，参与者成为角色扮演指导者的顾问，或相互提供咨询以帮助彼此学习更为有效的行为方式。

我们预测，所有可用的行为都会偏向于第 I 型（强调理性、抑制情感或者单方面地控制环境和任务）。这些预测基于几个层次的行为：行为主体针对指导者的行为；他人针对指导者的行为；指导者针对行为主体（其案例被讨论的人）或者他人的行为；参与者互相之间的行为；以及群体动力的质量（参与讨论的程度、对规范的防御性、双环学习的程度）。

参与者帮助设计检验任务，我们还鼓励他们质疑检验的有效性。他们的观点形成设计新的学习经验和对所有假设进行评估的基础。研究者和参与者对这些检验测试都充满了兴趣，这一直持续到研究结束。

我们需要更多实证性的研究方法完善第 II 型。行为科学家很少会公开预测参与者的行为（很多参与者不相信自己会表现出来的行为），很少会根据不同的经验、长期重复发生、无法控制的情形确认自己的预测（我们对实验情形的设计既不偏向第 I 型，也不偏向第 II 型，只偏向最有效的行为）。更深入的研究可以证明我们提出的变量是否造成了从第 I 型到第 II 型的转变，我们会在第六章阐述这个问题。

第六章

从第 I 型到第 II 型的转型

本章阐述了行为从第 I 型转变为第 II 型的必要转型活动。它们包括：第一，产生发展新的行为能力的个人意识和成长；第二，参与者个人与指导者的关系；第三，探索学习的群体动力；第四，群体动力被同时应用于参与者和指导者。

我们还不完全了解这些过程及其相互关系，因此下面关于过程的描述可能并不完整，可能是断断续续的。我们将其分为两个范畴。首先，我们描述了指导者对学习环境的设计及其与参与者的关系，因为最初由指导者负责创建学习环境。其次，当参与者开始显现他们的行为，并且表现出其中的困境之后，我们将描述参与者与自己、他人以及群体的关系。

设计实验环境

从第 I 型到第 II 型的转变过程应该根据第 II 型设计。第 II 型是一种理想化的、我们希望却又难以达到的模式。这种模式帮助我们识别能够满足有效信息、自由知情选择,以及对选择的内在承诺等控制变量的长期、中期和短期的学习目标。

因此,学习过程的基本设计特点将是:(1)以个人行为有效性的有效信息为基础的、朝着第 II 型转换的自由选择;(2)信奉理论内部和使用理论内部较少的不一致性,或者信奉理论和使用理论之间较少的不一致性;(3)一个能够产生关于每个参与者的信奉理论、使用理论,以及各理论内部与理论之间不一致性的有效信息的学习环境。有效信息能够识别困境,而困境营造解决问题的紧张感,紧张感激励学习。请注意,我们假设人们试图采取有效行为,有效信息促使其学习。但是,人们有时会说自己不想有效行动,我们将这种情况诊断为防御性行为。在这种情况下,第一步是探索并发现他们的防御性;这就会揭示困境,并且产生成长的动机。如果不这样的话,我们的学习环境就没有任何作用。

指导者在学习环境中承担着艰巨的任务。特别是在学习的早期阶段,参与者可能会感到沮丧和不舒服,并且疑惑自己是否能够学习第 II 型行为,他们甚至可能会质疑第 II 型的有效性。

第六章 从第Ⅰ型到第Ⅱ型的转型

由于混杂着不信任和困惑，如果参与者能够表达自己的情感，并且坦然面对指导者，指导者应该觉得这是胜利的一步。

指导者的目标是帮助参与者走出转型的第一步，这样做不一定会知道将产生什么样的变化以及为达成目标应该采用什么方法。指导者不能单方面地决定目标，因为这是第Ⅰ型的做法，这种做法会：（1）妨碍对第Ⅱ型行为模式的学习；（2）怀疑第Ⅱ型行为是否有用——参与者发现，当指导者面对困难境地时，他会转向自己说的无效行为。指导者必须：（1）表达自己对第Ⅱ型行为的有效性充满信心；（2）设计学习这种行为的环境；（3）最低程度地强迫他人学习第Ⅱ型行为；（4）在参与者感到失败和挫折时，保持自己对第Ⅱ型行为的信心。

指导者的目标可能具有两种矛盾。其一，他必须拥有坚定的信心鼓励他人学习第Ⅱ型行为，以应对其自身的局限性以及参与者的失败感和对抗；也就是说，他不能通过强迫参与者学习第Ⅱ型行为的方法表现自己的信心，因为这样参与者就不是在用第Ⅱ型的方式学习。其二，指导者表达自己对第Ⅱ型充满信心的方式应该允许其他人对抗并且拒绝第Ⅱ型。

转型的指导原则

由于每次研讨班以及每个参与者的反应都不尽相同，我们不能使用一成不变的方法来达到目标。但是，特定的指导原则可能是有帮助的。有效的学习需要：（1）以个人经历为基础；（2）通常以表达和检查困境的方式产生；（3）重视个性和对冲突的表达；（4）指导者对参与者有信心，甚至要大于对自己的信心；（5）指导者能够识别参与者学习方法的缺陷；（6）指导者对理性的看法必须融合情感和观点；（7）指导者能够鼓励学生的自发行为。

个人经历。指导者首先应该创造一种人们能够产生初始学习行为的环境。这种行为可以分为两类：参与者认为与其价值观相符合，但是结果却不是他们所期望的行为；参与者认为能够体现与其信奉理论不相符的使用理论的行为。指导者应该帮助参与者产生自然而然的行为；当这种行为对行为主体实现目标起反作用，或者不符合其信奉理论时，指导者需要介入。当指导者介入检验行为时，他应该首先根据可以直接观察到的数据识别这种行为（通过重复行为主体说过的话或者重放录像），之后帮助参与者：（1）展望——预测这种行为对自身及环境的影响；（2）回顾——检查这种行为的控制变量；（3）识别行为主体抗拒变化的反馈信息。

当个人开始设计新的行为时，这三个步骤对学习新行为的结果以及有效性同样有帮助。人们采取行动，并通过与其同事的合作：（1）展望并且预测这种行为会创造的行为世界，以及这种行为世界对学习和有效性的影响;(2)回顾这种行为,确定如果新行为要内化为使用理论所需要应用的控制变量;(3)识别来自新模式的反馈信息。

这三个步骤是我们对经验学习的定义。当人们意识到自己的使用理论,并想要开发新的使用理论时,就要会执行这些步骤。

检查困境。学习必须从发现或产生困境开始。在第一部分中,我们提出了三种困境:(1)信奉理论和使用理论的不相合性;(2)控制变量和行动策略之间的不一致性;(3)导致行为无效的自我封闭及非学习化过程的程度。如果我们能够帮助个人生成可以直接观察的数据,并且据此推论——或验证其他人推论的有效性——人们的行为与其理论不符合或不一致,因此容易变得无效,那么我们就形成了对学习的内在承诺。

为什么困境会对人们产生影响?我们的理论表明——实证数据也确认——不一致性、不相合性以及无法预测性并不被认为像一致性、相合性和可预测性一样有价值。因为前者导致无效性和非学习的自我强化循环,或最多是单环学习,而后者导致有效性和学习的自我强化循环。人们希望自己有能力、有效,正如他们行动的信奉理论告诉我们的。但是能力和有效性在第Ⅰ型世界里难以实现,因为这里不具备有效的反馈,其中的反馈大多数都是博弈和欺骗。因此,人们缺少:(1)自己的无效行为的具体知识；（2）行动策略与其信奉的控制变量不符的知识；（3）自身的无效性由其不相合性/不一致性导致的知识。一旦人们得到了关于其无效性的有效反馈信息，他们就会希望使其使用理论符合信奉理论。这就是困境如何激发新的学习。

学习环境的设计应该允许困境与成功解决方案维持平衡，这样参与者能够体会到心理成就感。但是心理成就感并不单纯取决于这种平衡，它来自实现具有挑战性和风险的目标。采取第 I 型行为的人需要心理支持，才能设定有挑战的目标，因为他们缺乏自我接受能力和承受学习失败带来的尴尬的内在自信。因此，我们认为有必要营造一种心理安全的氛围，以便进行实验。这样的气氛不否定失败，也不粉饰糟糕的结果，而是会仔细检查，寻找解决或者减少这些问题的方法。这种强化最初来自他人，之后来自自己，它表明人们采取了真正有效的措施。失败会出现只是因为人们选择了高于目前能力的目标。一个人能力之外的失败与其能力范围内的失败是不同的。

指导者能够创造什么样的条件来帮助人们形成对第 II 型的内在承诺呢？首先，指导者和小组成员能够对行为主体的学习进行奖励，同时鼓励他设定现实的、具有实际挑战性（即能力所及）的目标。其次，指导者能够试着帮助参与者完成确认过程。指导者首先要询问个体觉得自己做得如何，以及为什么——也就是询问他们的正面或者负面评价，及直接验证个人做出这种评价的行为基础。指导者还会询问其他人是否同意直接的验证信息和评价。如果他们同意，学习者就会感到自己受到认可，认为自己正确地理解了世界，并且正确地评估了自己的行为。学习者的这种评估能力及其对这种能力的自信会增强，因而使其愿意再次尝试这种行为。

如果其他人不同意行为主体对现实的观点，他们会提出自己的观点，并且共同合作弥合差异，直到所有人能够就行为的发生和评估达成一致意见。如果他们的评估与行为主体的评估不一致，他们便已经具备了检验这些差异的基础。之后他们会讨论这些问题，直到行为主体或者他人改变评价，或者所有人同意如果没有更多的信息，就不可能达成一致意见为止。最后一种解决方案可能要求所有人去寻找更多有效的信息，以便最终解决问题。

如果个人永远不能获得新的行为，他就会产生挫败感，而这种挫败感又会被其他人所证实。但是，如果这种挫败感以行为主体已经尽其所能为基础，行为主体否定自己的可能性就会降到最低。这样反过来会帮助人们接受自己的局限性，或者尝试设计新的、更现实的方法继续自己的学习。

参与者必须分清引发单环学习的困境与引发双环学习的困境之间的区别，因为只有后者才能引出第 II 型行为，提高有效性。请回忆一下满足信众要求的牧师所面临的困境，他想要教会对柬埔寨事件采取行动，但也不愿失去执行委员会，特别是主席的信任。这种情形符合第 I 型的控制变量：（1）最大化胜果，最小化损失；（2）保留脸面（他人以及自己的）；（3）压制负面情绪；（4）努力保持理性。这种困境的结果也符合第 I 型。牧师认为自己处于非赢即输的境地。在第 I 型行为模式的世界里，人们常常听到"你无法战胜所有人"或者"有得必有失"。这种态度不能引发新行为的学习。事实上这些评论表明行为主体希望这些事件再度发生。

牧师学到的最重要的事情是其信奉理论和使用理论之间存在差异。一旦意识到这种差异，他就能够发现自己的行为导致了这种人际和个人层面的消极结果。（主席和很多信众对牧师的策略感到愤怒，而牧师感到自己只代表了部分的信众。）

我们称第一种类型的困境为第 I 型困境，第二种类型的困境是从第 I 型向第 II 型转化过程中的困境，或者转型困境。将第 I 型困境改造为转型困境为这位忧心忡忡的牧师提供了新的选择。如果他能够学习根据第 II 型采取行动，他就能够陈述自己需要迅速行动的感受，而不放弃让所有人参与决策的承诺。

这个案例的另外一个层面也在很多其他案例中出现。牧师认识到造成自己出现第 I 型困境的原因是教会关于某些道德问题的信奉理论和使用理论之间的差异。责任被推到了下一个更大的组织层面。这种归咎可能是有道理的，但是它降低了个人对自身情况的认识。只有当人们的行为变为第 II 型后,其所在的机构才能够转变为第 II 型。

重视个性和冲突。第 II 型是否认为人们没有属于自己的目标,而且所有的行为都必须由双边的共识指导?

这是一个重要的顾虑,尤其是在行为世界倾向于第 I 型的情况下更是如此。在这样的条件下,可以理解双边关系以及对他人的关心会被看作减少获胜的概率以及受人控制。

但是,第 II 型的控制变量与第 I 型的控制变量并不对立。第 II 型的控制变量关注产生有效信息、自由选择以及内在承诺。如果能创造出双边关系,关注相关行为主体达成的共识,就可能满足这些变量。然而,第 II 型指导人们重视自由选择以及对这种选择的内在承诺。如果个人允许由人际或者群体过程决定其选择,那么他既没有自由地选择,也没有发展对选择的内在承诺。

第 II 型鼓励人们将个性最大化。如果这样做,个人就能够达成与他人目标不一样的结果,他就会在开放、信任以及冒险的条件下这样做。个人会因此能够感到可以自由开放地在群体中讨论自己与他人的差异。更重要的是,如果行为主体处于权力的从属地位,而且感到自己有足够的机会说服群体,让群体公开面对和检验所有的差异,那么行为主体就很可能有动力朝着群体目标努力,而且依然能够有动力产生可能改变群体决策的新信息。这意味着人们能够做到对某个决策的外在承诺，以及对产生这个决策过程的内在承诺。同时又从头到尾监控决策的结果，以便在保持对群体忠实的条件下找到新的有效信息重新对抗这个决策。在第 II 型的世界里，冲突并不会消失——事实上，冲突消失的幻象是典型的第 I 型世界的现象。在那种情况下，冲突只能通过以制裁、魅力或者忠诚等因素为基础的权力而得以解决。

导致非赢即输关系的竞争性在第 II 型的世界里会减少，因为他人被看作生成有效且高效的问题解决过程的资源，而不是竞争者。竞争变成了对抗个人先前成就的个人竞争。

这不应该被诠释为在第 II 型的世界里所有的冲突都可以得到解决。采取第 II 型的人可能发现自己对互相矛盾的目标都有内在承诺，但却无法找到解决这些矛盾的办法。在这种情况下，人们就会进入第 I 型的飞地。但是，他们这样做的方式为之后的第 II 型行为提供了支撑。

我们并不是说第 II 型保证所有人际冲突都能得到解决，但是第 II 型让人们自由地发现自己承诺的目标并不矛盾；即使矛盾存在，也不是自我应验的。

指导者对参与者的信念。 参与者最初会经历困境、无效的行为和失败；他会自然而然地开始觉得失望和无助，结果导致他们敦促指导者解决他们的困境。指导者会发现他们很难隐瞒参与者请求的答案，也很难维持自己帮助参与者设计解决办法的角色。但是，即使参与者感到失望，只要确认这是由于能力不足导致的，指导者也应将其看作一种正面的信息。指导者必须帮助参与者经历无愧疚感的悲伤以及非自暴自弃的失望。这对于根据第 I 型采取行动的人来说很难，因为愧疚感和能力不足在第 I 型下相互关联。如果我们将愧疚感定义为对自身的愤怒情绪，我们就可以预测在以下情况下会出现愧疚感：如人们感到在保住（自己或是他人的）面子时的行为有效，就会在没能保住面子时产生愧疚感；如果人们感到在压抑对自己或他人的消极情绪时的行为有效，就会在表达这些消极情绪时产生愧疚感。简单说来，第 I 型的控制变量和行为策略会让能力不足或者缺乏控制者诱发行为主体的愧疚感。

采用第 II 型的人不太容易产生愧疚感，因为他们会努力从能力不足或者无效的行为中学习，并且会因这样做受到他人的奖励。他用失望或者不耐烦代替了愧疚感（对自己的愤怒）。作为诊断性的第一步，他试着评估自己需要多长时间才会变得更加有效。毕竟探索自己无能力的程度就像想要越狱的人必须画出监狱的地图一样重要。

学习方法的局限性。我们的学习环境要受指导者和参与者能力、动机、地位的限制。我们的方法对双方都有要求，只有当双方都达到了这些要求以后，我们的方法才能成功。

首先，指导者应该在轻度到中度的压力面前能够展现第 II 型行为；也就是说，他们的使用理论必须符合信奉理论。只有他们的使用理论与第 II 型保持一致到一定程度，参与者才会接触第 II 型行为。一开始的时候，参与者会观察、质疑、挑战指导者的行为。之后，他们开始体验第 II 型行为。他们可能会经历一个过渡阶段，在此期间，他们会公开承认他们正在努力模仿指导者的行为。这种声明可能在试图让指导者承担责任，以保障参与者能够安全地体验新行为。指导者可以在参与者们做了几次这样的尝试之后与其讨论这些可能性。如果行为主体没能承担这种行为的所有风险，指导者可以指出行为内化受到的限制。

做行为模范并不是一件容易的事情。一些人比其他人更加擅长这样做。指导者应该尽可能真实地面对自己的能力，承认自己的局限性以及这些局限性对参与者的学习可能造成的影响。

关于指导者能力的最低标准还没有定论，但是我们可以建议一些基本的指导准则。指导者应该：（1）对自身行为的学习要快于参与者；（2）他对参与者的防御行为产生的反应不应该带有强迫性；（3）能够提供准确的第 I 型和第 II 型的认知过程；（4）能够设计非强制性的学习环境。指导者应该具有内化的第 II 型，拥有对第 II 型无矛盾的内在承诺，能够公开验证这种模

第六章 从第Ⅰ型到第Ⅱ型的转型

式,并且对其基础提出质疑(双环学习)。

强烈的承诺、对抗的兴奋和肯定或否定等行为会使指导者的行为保持有效,特别是在大部分参与者都在质疑第Ⅱ型和指导者内在承诺的困难时期。请注意,模式本身就要求行为主体必须有热情探索模式中是否存在不正确和无效的部分,或者人们是否没有根据模式采取行动。

对参与者来说,这种立场开始时可能特别令人困惑,也可能被误认为是傲慢的表现。虽然这是一种坚定的立场——这取决于个人应对对抗的开放性信心——第Ⅰ型事实上是更为傲慢的模式,因为它要求个人赢,操纵并控制他人,并且隐瞒这些策略。

这并不是说指导者的行为就不可能出现无意识的控制性。指导者也是人,也可能产生防御行为,特别是在面对诸如来自很多班级成员的攻击但没有人支持的巨大压力下。

具有高度竞争性、害怕失败的参与者可能在研讨班很早的阶段就会体验到愧疚感。鉴于他们的自尊心不强(往往与对失败和竞争的极度恐惧相关),这种愧疚感就会变得难以忍受。与第Ⅰ型相吻合的一种策略就是寻找第Ⅱ型的任何局限性,并且根据这些局限性谴责整个模式。例如,一些人坚持认为第Ⅱ型没有什么用,因为种族主义者根本就不理会或珍惜模式中的因素。其他人也会谴责第Ⅱ型,因为对神经和心理脆弱的人来说,完全敞开心扉是不可能的。我们承认后者是我们观点的一个局限。我们绝不会建议可能给他人带来伤害的开放。我们多次强调，第 II 型中的诸如开放之类的行动是双边的，而不是单边设计。

一些参与者坚持认为第 II 型在真实生活中是无效的，因为它无法应用于相应情形。在一次研讨会上，学生们变得十分愤怒、充满敌意，说指导者无能、愚蠢和不切实际，并且警告其他的学生不要与其合作。在这种攻击持续了几个小时之后，指导者生气了，并且采取了防御行为。这些激进的学生立即指出指导者没有根据第 II 型采取行动，因此是失败的。指导者承认了自己的防御行为，并且补充说明他认为有必要自我保护。除了一名学生之外，所有学生的极端情绪和敌意都立即减少了很多。这好像是学生们一旦促成指导者失败，就能够更容易地接受自己未来的失败。

有的时候，指导者感到自己需要控制群体，才能促进学习。这个矛盾我们已经描述过，它来自指导者的目标内部。也就是说，指导者不能以强迫他人接受第 II 型的方法表达自己对第 II 型的承诺，这样的话他们接受这种模式是基于第 I 型的行为。如果用另一种方式来说明这种矛盾就是：指导者不能要求参与者允许他控制参与者，因为参与者并不了解第 II 型及其优点。此外，除非参与者能够进入指导者想为其创造的环境，不然参与

第六章 从第Ⅰ型到第Ⅱ型的转型

者就意识不到这些优点。

在这种情况下，指导者应该清晰地指出这种矛盾，之后创造学习环境，并以此行动鼓励其他人质疑或者接受这种环境。

最后，参与者会列出一些局限。例如，一些人不能诊断自己的行为，因为他们对失败的防御机制太过强大，以致这种诊断的过程可能会十分痛苦。人们必须尊重这些困难，如果变得过于痛苦，就要帮助行为主体离开研讨班。当参与者表现出以下征兆时，帮助他离开研讨班对所有人来说都是有益的：（1）不能提供可以直接观察的行为（通过案例或者角色扮演）；（2）对无能行为的强迫性消极评价（尤其是在早期阶段）、愧疚感以及惩罚他人或者自己的倾向；（3）否定诊断阶段的有效性和作用，以至于（a）妨碍了他人的深入探索，（b）强迫性地对其他人取得的虽小但却真实的进步进行抨击，（c）持续对自己的无所作为表示出强烈的愧疚感或者愤怒。

整合观点和情感。我们认为传统上分离观点、情感和行为是不恰当的。观点往往充满着情感，情感具有认知和行为属性，而行为以理性的观点和情感为基础。第Ⅰ型世界倾向于隐藏这些关联，而第Ⅱ型世界承认这些关联。

在第Ⅰ型世界里，人们往往压抑情感，表达想法时也十分畏畏缩缩。人们将控制情感、保持冷静、理性及心平气和看作成熟的表现。在这些条件下，情感倾向于与观点分离，而观点的情感因素被压制。观点被认为必须客观、有效，而情感被认为是主观的，与无效性相关联。

在第 I 型和第 II 型中体验到的情感类型及其表达的条件都是不同的。在第 I 型中，情感只在人们防御时才会爆发。这倾向于支持压制情感表达的规范，因为情感与无效性相关；这又强化了第 I 型的假设，即当人们表达情感时，往往变得无效。

第 II 型世界的控制变量重视包括观点和情感在内的所有人类活动。情感不受压抑，表达情感不被看成无效性或者不成熟的表现；只要行为的目的是探究、减少不一致性和正确预测事件，情感就不会与观点相分离，并被当作有效的信息。

自发性。虽然第 II 型重视效率和能力，但是它并不否定自发性。然而，自发性不会独立出现；它是一种人际现象。A 的自发性可能会抑制 B 的自发性。自发性可能是有效的，也可能是无效的；如果它给自身或他人带来伤害，变得自我封闭，强化自卑，并且妨碍互动和交流，那么它就是无效的。

在第 II 型世界中，阻碍产生有效信息、自由选择、信任和双环学习的自发性被减少了。如果人们自发地采取行动，而这种行为又抑制了其他人，那么行为主体就会：（1）在这种行为出现之前承认其无效性（"我知道这不能帮助任何人，但是我简直要爆炸了"）；（2）在这种行为出现之后承认其无效性（"好吧，我现在脾气也发了，气也消了，让我们继续工作吧"）；

第六章　从第 I 型到第 II 型的转型

（3）即使他自己不这样认为，还是乐于学习接受自己行为的无效性。

换句话说，第 II 型允许人们以对他人危害最小的方式表达自己的积极和消极情绪，并在行为主体之后意识到自己的无效行为，将所产生的愧疚感降到最低程度。

第 II 型世界的人在生活中可能会气愤、愉快、温柔和困惑。但一直受压抑的情绪一经表达，就减少了自发性。这种自发性不是真正的自我，而是受压抑的自我。在第 II 型世界里，随着情感获得了与观点同等重要的地位，人们会越来越认识自己的情感，并有意识地有效运用情感，真实地、自发地表达情感。

第 II 型假设所有的行为（情感的和理智的）都能够根据一些使用理论加以理解。例如，弗洛伊德早期的著作就描述了人类的防御机制；只要我们理解其背后的动机，所有的防御行为，无论看起来多么非理性，都是讲得通的。弗洛伊德认为，治疗师的任务就是解释看似非理性的行为。如果我们能够帮助病人意识到看似无序的、非理性的、难以理解的行为实际上是有序的、理性的和可以理解的，那么治疗就会变得很便利。

控制行为主体的情感或对自发性的恐惧会导致自发性的下降，这是一种可预测的第 I 型恐惧，因为控制是一种单边行为。我们建议人们发展第 II 型的行为世界，在这个行为世界里，理性（对强化能力的一致性的重视，对激发学习的不一致性的重视，两者都能提高有效性）被看成既有理智的成分，也有情感的成分；人们重视理解行动的机制；自发性受到重视，它不再阻碍自身和他人提高有效性。

第七章

学习第 II 型行为

本章中对指导原则的讨论假设参与者了解并接受指导者的角色,但是这些假设并不一定是正确的。大部分参与者认为指导者的角色是帮助他们学习。一些参与者认同指导者知道的比他们知道的更多,愿意聆听他的意见,愿意认识其使用理论和信奉理论的相合性,然后选择他们将从指导者那里学到多少内容。

另外一些参与者——尤其是研究生和已经参与过体验式学习的人员,例如 T 小组和治疗小组——很难将指导者视为比他们更有能力的人员,或者是更了解使用理论的人员,或者是言行一致的人员,又或者是在一开始就更具有知识的人员。事实上,正如我们将要看到的那样,如果指导者有能力树起具备这些能力的榜样,一些学生将会受到威胁。当这些威胁感被认识之后,我们将会看到它们产生的原因正是学生认识到了指导者的能力。学生们最初的怀疑可能会阻碍他们尚未学会接受和使用依赖性的可能。

指导者在设计初始环境中的角色

不论参与者是什么态度，指导者的最初任务就是展示出他有能力构建一致有效的信奉理论和使用理论，并据此行动。指导者必须同时表明，虽然他致力于自己的学习方式，但还是同样致力于进一步的学习。因为学习源于个体意识到自己的不一致性，指导者将参与者视为潜在的资源——只有当参与者真正地面对他时，这个潜在资源才会成为现实资源。这种有效的对抗将帮助指导者学习，也会成为第 II 型行为的一个有效范例。

第一步是安排可以显示行为的情形，这种显示需要符合特定的规模，因为在开始阶段，参与者会根据第 I 型采取行动，也会产生符合第 I 型的群体动力，但这并不是学习的适宜环境。指导者应该展示和提供自己的信奉理论（第 II 型），将其看作可以朝其努力的潜在理想状态。指导者应该澄清，他的目标是为自己和参与者设计环境，这些环境可以产生对第 II 型观念和行动的学习，鼓励对第 II 型观念的持续性对抗。换言之，指导者公开地承认他关于人类行为的微型理论，他请求公开检验他的理论，同时揭示自己关于研讨班的偏见和目的。他提供的信息是，研讨班的设计是为了帮助参与者更有能力诊断自己的行为，并能根据他们的使用理论进行重构，同时鼓励面对自己的使用理论。

这个学习策略假设大部分参与者并不是学习第II型行为的有效资源。我们不想质疑他们动机的真实性，而只是他们的能力。一个进一步的假设是，参与者需要指导者的程度大于指导者需要参与者的程度，尤其是在初期。这些假设应该接受公开检验，以判断它们是否可以被直接观察到的数据所证实。

每位参与者的假设也应该被检验。一些参与者，特别是那些具有T小组或治疗小组经历的成员，可能更加重视亲密的人际关系而非行为的有效性。或者，参与者可能假设他可以从其他参与者而非指导者那里学到更多。这些假设应该被公开检验，以确定他们是否基于有效信息。可是在一个人认识另外一人之前就做出这种假设，既不是基于有效信息也没有进行过检验。为什么一个人会持有这样的假设？一种回答是，在T小组和治疗小组中，假设的设计是为了打造亲密的人际关系。如果我重视你，你就会重视我，我们可能会因此提升亲密程度和降低排斥的可能性。这种亲密性以非直接观察到的数据为基础或没有对其存在进行公开检验，它来自第I型世界中常见的人际游戏，这是一个控制他人的游戏（因为他人也会这么做，被他们所控制）。

例如，其中一位参与者说："我知道我将会从你和指导者那里学到一样多的东西。"指导者选择与她对抗，公开探究为什么在她了解其他人是否可以教她之前，她就期待从他人身上学习。提出这个问题也会阻止其他人将她未经检验的态度作为一种规范加以接受。以下是他们的对话：

指导者：你如何知道可以从其他参与者那里学习呢？

参与者 A：你是什么意思？

指导者：你已经尝试过从他人那里学习吗？

A：我感觉有过。

指导者：我知道你有过。但是，目前来看，也许你能从我这里比从其他人那里学到更多的东西。

A：在你的领域？

指导者：是的。

A：哦，你的评论一直都非常棒。

指导者：为什么不实验一下？你是怎么发现谁可以帮助你的？实际上，结果可能是我比班级其他成员更有帮助。

A：现在，等等。我害怕你的能力。我无法回答你。

指导者：是我的行为导致你无法回答吗？

A：我只是觉得我可以从其他人那里学习。

指导者：你准备如何检验这个观点的有效性？

A：我认为我对你说你是这里最重要的人感到反感。

指导者：我想我是说在此时此刻我可能是最重要的人。

B：你对我也是一样。

C：我也一样。

D：现在，等一会儿……

接下来的讨论证实，对大部分参与者来说，指导者的观点和评估比其他参与者的更为重要。

处理参与者的依赖性

在研讨班的初始阶段，指导者可能列出第Ⅰ型和第Ⅱ型，这个做法可以诊断出为什么个人和人类系统（如群体和组织）难以行动以及如何克服困难。这两个模式明晰了指导者的诊断偏见和行为偏见。它们也为参与者提供了一个对抗这些偏见的早期机会。反过来，这样的对抗又为指导者提供了充分认识自己的材料，并且十分欢迎公开对抗，以及非常愿意公开检验蕴含在他的行为模式中的假设，并保持行为与行动模式的一致。指导者越是能有效地执行这些活动，就可能产生越大的可依赖性。参与者可能信服指导者是有能力的，他们可以从他那里而非其他人那里学到更多，这对于示范有效行为非常重要。

不管怎样,在研讨班的第一阶段,每位参与者都努力诊断他的使用理论,其他参与者可以成为他的重要资源。尽管参与者并不能意识到自己的使用理论,但是它可能会意识到别人的使用理论。参与者可能更愿意聆听同一处境中同伴的话,而非指导者的,这是因为指导者的能力可能会带来矛盾和敌对情绪。

换言之,指导者通过陈述他所希望的方向,通过展示他的观点是基于该领域的能力和有效性,可以帮助参与者设计和管理研讨班的方向。之后,指导者是被评估的对象。参与者需要面对他们对指导者的依赖,他们会提问:"我们能朝着指导者提出的方向前进吗?"如果他们发现自己不可能做到(这很容易出现),质疑和对抗这一模型的压力就会产生。如果指导者没有明确在这些问题上的立场,研讨班的目标是否可以实现就成了问题,并且不可能得到公开解决。

我们的方法与结构不良方法之间的差异在于,在参与者对指导者结构的回应过程中,那些对于个人能力、发展方向以及失败等情况的不确定感与焦虑感可能会得到面对。在结构不良的方法中,也会出现相似的问题,但不能在早期阶段得到处理。而且,即使它们得到处理,参与者没有意识到的使用理论将会要求他们采取礼貌而圆滑的方式开展争论,在这种争论中人们或赢或输,而且控制变量无法出现。

第七章 学习第Ⅱ型行为

困境的产生

在研讨班的下一个阶段，可以提供一个案例供小组讨论。我们推荐了一个来自另一小组的案例（适当进行了改造，并征得了作者的同意），这样做的理由有两个。第一，我们希望降低参与者讨论的犹豫程度，因为：（1）大部分人不希望伤害他人；（2）他们避免对抗他人，以确保其他人不会对抗自己；（3）相比展示别人的行为，大多数参与者更不愿诊断他们的行为，特别是指导者，更不愿意展示他们是多么高效、与同行竞争得多么出色。（他们的行为信息来自第Ⅰ型的控制变量。）

第二，如果小组成员面对一个不是来自他们自己的案例，而且如果这个案例是真实的，他们将会更加自由地去分析它。在分析的同时，他们在最少威胁的情况下所表现出的行为将会成为一个有效的样本。这非常重要，因为分析案例的行为给后面的学习奠定了重要的基础。

因此，研讨会小组的议程就是阅读一份描述了困难的介入型案例。他们被要求扮演案例行为主体的顾问，帮助他更有效地进行介入管理。指导者则扮演行为主体，尽可能地支持班级顾问。几个志愿者作为观察者，在诊断讨论期间负责报告具体的进展。

一个小组讨论了西尔万末仟的案例。回顾下他和那位教授会面，目的是让教授同意留在行政岗位，而不是回到教学岗位。西尔万主任无法说服教授，实际上教授出现了前所未有的心烦意乱。

指导者（扮演西尔万主任）开始陈述案例，告诉全班他需要以下方面的帮助："请帮我想想应该如何和教授沟通，以一种方式告诉她不能再回到课堂，以便她能准确地了解我们采取这种举动的理由，而且能在不采取法律行动的情况下面对这些理由。"

接着，指导者建议让每个参与者都进行简短的介入，然后再让其他人介入进来。角色扮演大约进行一个半小时。然后，指导者要求参与者评估他扮演的西尔万主任的角色。例如，西尔万主任面临的困难有多大？他比案例中的西尔万主任更难应对吗？（那些没有作为顾问的参与者）一致认为西尔万主任的扮演者比他们预期的防御性更低，也更加不情绪化。某些人感到西尔万主任太具耐心。记着，重要的是解释西尔万主任要扮演得尽可能与参与者合作，以保证参与者不能将他们的无效行为推卸给西尔万主任的顽固不化。

然后，要求小组讨论互动行为。作为顾问的参与者感到西尔万主任（经常指指导者扮演的角色）妨碍进展，不听他们的建议，把自己的不愉快投射给他人，想取代他人，而且行事不懂得变通。指导者要求两位观察者（那些负责观察互动，而非顾问的人员）发表他们的看法。他们汇报说，西尔万主任已经非常灵活了，在用心聆听，尝试接受建议，而且十分有耐心。同时，他们指控顾问们很粗暴专横、控制欲强、苛刻及缺少变通。通过对录音带的分析证实了观察者的观点。总共有35次长短不一的介入，其中27次介入可以听见。正如后面所引用的那样，所有27次介入都展现了第Ⅰ型行为。"当你在一年前给教授分配特别任务时，你用什么理由来说服她呢？""因此教授的抱怨被证实的话，你会满意吗？（'是的。'西尔万主任回答道。）那么，我想你应该诚实地对待她，你不能拐弯抹角。""你为什么等了一年才跟她说？""你为什么想要伤害她？那是我的最大感觉。教授非常坚强，她可以处理这个问题。你只是将自己的害怕附加在她的身上。我感觉当你面对教授时，你自己看起来处于很大的压力和焦虑之中，以至于你从来没有真正地和她讨论这个问题。你实际上在操控她。""你对教授的真实想法是什么？""你觉得教授的理由是理性的吗？""你看起来很好地回答了我们的问题，并中断了情形的发展。我想知道你如何看待这种观点。"

之后是短暂的休息，参与者讨论了观察者和顾问之间观点的差异。休息结束后，小组聆听了角色扮演的录音。结果是，每个人都可以很容易地发现其他人的行为是多么无效，但是很难发现自己的无效行为；那些能够发现自己能力缺失的人震惊了。

小组成员一致同意，导致他们行为无效的部分原因是时间太短，参与者不能充分表达他们的策略。他们建议组成人数更少的顾问小组，允许每个人拥有更多的发言时间，这可能会更加有效。指导者同意下次采取这种建议。当指导者要求某人志愿将自己的案例作为下次小组讨论活动的案例时，没有一个人愿意这么做；指导者将任务分配给指定的人，并希望随着时间的推移，参与者不愿主动设计与规划自己学习的原因将会提上日程，并会对此加以研究。

在下一个阶段里，其案例作为讨论内容的参与者变成了委托人。指导者要求他确定他想要寻求的帮助。由全班指定三位顾问，余下的成员作为观察者。成员再一次根据第I型采取行动。录音的分析显示：（1）一些顾问相信最重要的工作是全面界定最初的合同，他们也试图如此行事，但遇到三个困难——一是委托人不准备如此做，二是他们没有足够的时间，三是他们的策略不被其他顾问所支持。（2）一些顾问认为他们的任务是判断委托人做错了什么，然后再偷偷地检验他们的诊断（唯恐被委托人知道，并歪曲了他的回复）。然而，委托人感受到了干涉，并开始考虑顾问在想什么。他也将这个担忧隐藏起来，他的反应被认为是不直接的、困惑的和防御性的。（3）当顾问感到自信——有些在开始诊断时就感到自信，有些则稍为延后——他们尝试将自己的诊断推销给委托人。正如委托人所描述的那样:"我感到我不得不接受他们的诊断,在他们的眼里,他们所说的每一件事情都证实了他们的诊断。"在角色扮演期间,委托人没有说出这些感受。顾问则再次寻求单方面的控制,委托人和顾问双方都压制了对彼此的压力和害怕。此外,参与者开始意识到他们在根据第 I 型而非第 II 型行动,这正好创造出抑制小组学习的内部动力。例如,他们确定顾问在相互竞争,消除彼此的有效性,并且当其他参与者与顾问讨论他们的无效性时自己也是如此。这些结果让一个参与者提出,这正好证实了个人有效性的提高有赖于研讨班创造的行为世界。小组成员表示同意,决定在讨论下个案例时,应该给每位顾问配备一个协助者。不过,这个模式没有产生具有显著差异的结论。

班级开始意识到,让他们接受自身行为无效的关键因素是每个人对第 I 型使用理论的执着。他们想尽办法要将其无效性归因于外部现象,却只发现他们是导致外部现象的部分原因。他们开始明白他们的个人有效性和小组有效性是紧密相关的。

可以理解,参与者怀疑第 II 型行为的实用性。下面列了六个常见的问题和我们的回答。

在真实的世界里,是否有足够的时间按照第 II 型的要求去解决问题?因为对个人来说这个技巧是全新的,解决问题可能需要花费很长时间。在真实世界，可能有很多时间浪费在会议、政治斗争和争论上，因而适当的问题却没有得到讨论。如果真的没有足够的时间，在信任的环境下，这很快会被认识到。

其他人是否会合作？ 开始也许不会。他们可能会像现在的小组成员那样饱尝挫折感和抵触感。

压制冲突是否正确？ 第 II 型建议我们不要压制冲突。我们要将冲突呈现出来。当冲突被压制时，我们的小组会议变得不尽如人意。

冲突没有用吗？ 如果所有的行为，包括冲突在内，能够被讨论，并公开检验，那么它们都是有用的。这为学习提供了基础。

你是否要求整个世界永恒不变？ 毕竟，难道大多数组织不是根据第 I 型的价值、结构和控制来实施管理的吗？是的，它们是，这也正是为什么我们认为没有至少一年时间，行为是不会改变的。

如果组织结构和管理控制不根据第 II 型进行调整，行为改变会持久吗？ 是的，组织结构和控制需要重新设计，但是这种重新设计应该基于参与者的观点并由那些能根据第 II 型行动的人员实施。这些使用理论必须符合新的组织结构和控制，否则，就会产生大量的不一致性和缺乏信任的感受。

一些参与者可能以不被其他成员支持的方式攻击指导者的行为或动机。这些攻击可能会持续存在并妨碍所有成员的学习。

一些成员（依然在竞争的框架下）可能私下考虑指导者将如何处理这些攻击。这些攻击不能被忽略。指导者可能像回应其他询问一样回应这些攻击。因此，如果他被指责做出了具有防御或操控的想法，他会要求对方提供可以直接观察的数据（"我做了什么？说了什么？"）进行归因。人们对实际发生的事情可能并不能达成一致。在这样的情况下，录音机将会大有用途。一旦接受了这些数据，如果指导者和其他人都认为指导者真的在防御或控制，那么，他应该认识到他学到了什么，并重视它，正如其他成员会做的那样。

然而，如果没有达成一致，而且攻击继续的话，指导者可能首先要判定小组其他人是否对保护小组学习时间的责任感兴趣。如果没有人愿意这么做，指导者可能要自己面对攻击者，但必须坚持一项基本原则，即他（教育者）既不是喜欢被惩罚的受虐者，而且作为小组的一名成员，他也不能对攻击行为进行处罚。

另一类的攻击是参与者列出极端的案例。因此，开放性可能被认为具有挑战性和危险性，因为真实的反馈可能会伤害一些人。指导者可能回应：（1）开放性意味着 A 说他相信这个方式 B 也适用。（2）如果 A 有证据说明 B 可能会被 A 的评价和反馈伤害，那么对 B 给出这种反馈没有意义。但是，人们也可以质疑 B 的心理健康。（3）为什么关于开放性的原则能被运用于这么多不同的情形，而仅仅因为它在极端案例中的失败就该遭到拒绝呢？

对抗指导者和同伴

当参与者开始认为课程有效且具有确定性时，参与者对指导者的依赖以及指导者的榜样作用会相应提升；不过，参与者对指导者的敌意也开始增加。参与者很难表达敌视的态度。他们倾向把表述敌视等同于无能，而无能是第 I 型非赢即输动力模式的"输"，但是一些参与者确实会刺激指导者。例如，"我们不是在让不具归属感的事物阻碍我们前进吗？我们不能做自己吗？如果你想归因——那就归因"。或"我知道这将是一个评价性的意见，但是，我不知道如何表达（转向同伴成员），即使你认为这很糟"。

此外，参与者依赖指导者，指导者看起来具备能力、一定程度的确定性，因此有点吓人。这个想法看起来很容易浮现，尤其是如果参与者将威胁认为是指导者的过错。例如，一位参与者说他发现学习具有挑战性和威胁性。当被问及举个关于这种感受的例子时，参与者又改变了说辞，反过来说他的意思是指导者具有威胁性。

第七章　学习第Ⅱ型行为

指导者：我做了什么让你觉得我具有威胁性呢？

参与者A：我不确定。但你看起来领先我们好多。我不知道；我也不确定。

B：我知道什么威胁了我。我清楚地意识到我与你处于附属的关系中，这影响了我向你表达我观点的能力。我想，阻碍有效沟通的原因之一是下属体会到的焦虑感。同时，我也非常清楚你是这一主题的权威。我不得不向自己证明我能代表我的立场，不被你的身份所威胁到。

C：我可以补充一点吗？上周，因为事情发展太快，整个班级让我不知所措，不能够进行回应。

D：是的。我也一样。（转向指导者）特别是你，速度太快，我无法组织一个问题。

E：我和其他成员具有相同的担忧。

A：上周课后你跟我谈话，我感觉好多了。我意识到在我所知道的领域，我还是挺舒适自在的。

指导者：其他人的感受如何？还有其他想法吗？

F：在你和我们之间存在能力的差距。因为你已经学习了很多年，你做好了准备且具备能力。因此这种自卑的情形可能会影响我们的行为。

C：我想补充一句，在大多数情况下，特别是这里，我非常希望人们对我有高的评价。当我说某事时，我开始结巴，你会看不起我吗？如果我开放，我是否应该信任你不会降低对我的看法？

　　G：我想，在这个课程中，真的，我们也担心我们对其他学生的影响。

　　H：我有点不信任。我不知道"不信任"是不是用词得当，但是我总感到我在你心中的地位在下降。

　　E：是的。我害怕你在对我们进行归因，而且拒绝和我们分享它们。

指导者首先回答了参与者 E 和 C 的评论。他说，如果他要进行归因，他会表述出来，并提供直接的观察数据，然后要求个体确定或否定它们。他也说他感到不需要归因，但是当他归因后，他感到有必要与大家分享归因和那些作为基础的数据，以便检验它们。指导者补充说，做出归因却拒绝检验的人们可能不仅对其他人，对自己也进行了防御。最后，指导者问，是不是有人在暗示，为了不对群体构成威胁，他应该以某种方式掩盖、淡化或否定他的专业判断。[1] 大部分参与者说他们希望指导者尽可能做得更加有能力和有知识。下面的对话开始了。

　　指导者：让我来检验一些事情。你们之中是否有人说过，感觉与一个对讨论内容具有深入思考的人相处具有

第七章 学习第Ⅱ型行为

威胁感？

参与者B：是的。我今晚感到如此。自从你的讲座告诉我你有评价有效性的标准之后，我对自己的无效性感到焦虑。我感到我们之间存在能力上的鸿沟，我意识到我的第一个任务就是接受差距并争取弥补它。

指导者：也许我可以帮忙设计能够帮到你和其他人的学习情形。

H：我没有感到焦虑或受到威胁。我猜我的观点是，指导者知道的比我已经知道的和想知道的都多。我想从他那里和其他人那里尽可能学到多的知识。

I：我也是。我能返回去学习更多的理论吗？

D：我只想说我发现这个讨论很有价值。这是一个在班级里产生有效信息的例子。我参加好几个心理学课程，但是这是第一个讨论自己理论的课程。

指导者：在我们回到其他主题以前，我希望检验一下我的理解。你们说我应该坚持做我之前做的；如果我的行为阻碍了某人，你们将帮助我发现它。你们现在将这些受威胁的感受归因于你们自己而不是我。（几个人肯定地点点头。）我发现这个讨论很有帮助。我希望降低我有过的任何威胁影响，但是我认为将所有导致威胁的原因都归因于我是不公平的。

为了成长，指导者可能要求反馈。但是他们已经获得的有效水平对参与者来说可能会很痛苦；因此，专注于指导者的学习将不会促进小组的成长。

参与者也对表达他们对其他人的感受犹豫不决。可是，一旦他们开始认识到其他人的行为部分是由他们引发的，他们就会得出结论：他们必须开始跟其他人坦诚相待。人们开始相互询问彼此是否相互开放。当提出这些问题时，指导者可以通过提供直接观察到的数据加以辅助，如下所示：

> 参与者 D 抱怨她在小组里保持沉默，因为"小组很吵，我感到人们傲慢和敌视，我不能在这种情况下进行思考"。E 和 F 也是沉默的成员，他们也同意一些小组成员很傲慢、充满敌意、具有控制欲，是权力主义者。被质疑的小组成员为此表示歉意，要求其他成员帮助他们减少这种行为。指导者立即回放先前事件的录像带。小组成员意识到 D、E、F 早已对他们刚才批评的行为进行过谴责，但此前并没有得到重视。

> 参与者 F 看起来已经遗忘了他是多么依赖指导者和其他成员。当他不在时，其他参与者描述他是一个害怕采取主动的人。在下一个课程上，F 说指导者没有帮助他向群体表达自己的想法。指导者感到被激怒了，部分是因为 F

之前曾经以此责备过他多次。他对 F 说："你想让我做什么——牵着你的手吗？请独立自主！"在接下来的沉默中，几个成员被指导者的行为吓到了。讨论的话题发生了改变。在十分钟后，指导者要求大家允许他控制小组并中断讨论。小组成员同意了。指导者问 F 如何看待指导者刚才所说的。"很糟。"他回答道。"其他人呢？"指导者问道。他们的回应包括了惊讶、震惊和气愤。

"当时我是怎么阻止你对我这么说的？"指导者问，"如果这种行为被允许的话，我会成为有效的小组成员吗？"

一些人问指导者他的回应是认真的还是在演戏。他回答说他真的对 F 感到很生气。另外一名成员指出指导者的回答并没有什么帮助，另外的成员表示指导者对 F 的感受已经忍了很久了。指导者同意，并指出这就是他所说的需要小组成长的意思。但是，一些小组成员问到为什么之前他没有将这个问题呈现出来。"这与我们没有这么做的原因是一样的。"几个其他成员回答。小组再一次讨论他们应该如何开放和保持有效。他们得出的结论是"当我们每次参加课程时，我们都不能带着枪来"。

G 想要讨论指导者因施加控制而违反第 II 型的例子。G 对之前的课程做出了很大的努力，因为大家讨论了他的案例。出乎他的意料，当他到达课堂时，小组建议指导者回顾第Ⅰ型以帮助小组理解发生的事情及其原因。指导者问G他是否介意对他案例的讨论延后。他回答："为了今晚能讨论我的案例，我花了很大力气；但是如果小组希望了解第Ⅰ型，我也同意。"问题是，G接着说他没有真的准备转变话题，而且对指导者控制了小组而感到生气，虽然他没有说出来。实际上，他补充说，当他意识到他同意小组成员不讨论他的案例时，他对自己更为生气。指导者要求其他成员对此事件给予回应，几个成员同意G的看法。一个成员说，虽然指导者有时在采取控制行为，但是他都明确地进行确认，并征求了小组的同意。另一位成员说，指导者花了很长时间压制G，因为G说他愿意延后他的案例。G和其他几位成员否认了这种说法。再次回放录像带，证实了指导者事实上是支持G的，一再坚持如果G觉得受挫的话，讲座可以延迟。而G一周前也参与了要求指导者复习第Ⅰ型的决定。

这些事件帮助小组更为开放地探索他们对指导者的感受，包括他们与权威人士的关系扭曲倾向。指导者承认，虽然他在知识层面上能意识到这种经历无法避免，但是他们还是让他失去耐心和感到生气。他也需要脱离权力位置，得到独立的理解。

第七章　学习第Ⅱ型行为

诊断策略

小组活动的下个阶段包括个体主动实验新的诊断策略。他们尝试学习如何更为有效地诊断行为。一个新的诊断行为会在以下情况下发生：班级成员接受了指导者的建议，尝试在决定谁做顾问之前，为案例的潜在问题建立模型。之后讨论了 G 的案例。(G 的案例是他在一家医药中心与其服务的社区之间担任调解者。更具体地说，这是他与一位抱怨他们医药服务问题的病人的讨论。G 同情病人的抱怨，也认为这是有理有据的。虽然他认为医药中心的人员过分保守和僵硬，但是如果他不维护医药中心的话，他就会有丢掉工作的危险。在 G 描述的讨论中，他变得越来越没有耐心，因为他觉得他要维护双方的利益。) G 被要求将其所需要的帮助具体化，他回答说他希望能更深入地认识现在的工作，最终他能对病人更有耐心。

小组开始有意识地尝试发展基于直接观察数据的诊断，以及数据与诊断之间的清晰关系，并据此展开了讨论。指导者将所有因素写在黑板上，并要求列出支撑每个因素的可直接观察到的数据。很快，每个人开始对案例的数据进行推论，或者要求其他参与者肯定或否定他的推论。

当指导者在黑板上写出推论时，他根据第Ⅰ型和第Ⅱ型对推论进行了组织，如表 7-1 所示。表 7-1 的第一栏描述了 G

表 7-1 为什么 G 对病人没有耐心的诊断

G 行为的困境	G 的困境结果	G 有效学习和行为的倾向结果	有效性
1. 他将自己视为调解者，但是行为却是敌对或使用护。	1. 情形几乎不可能实现，渴望获胜。	1. G 压制直觉，就为了能赢。	
2. 他谈及参与者的控制，但他却单方面控制会议。	2. 对会议的期望水平高得不太现实。	2. 紧张，且可能随着时间推移而加剧。	
3. 他全心全意为社区服务，也全心全意为医药中心的服务。	3. 如果他不维护医药中心的话，G 担心会失去工作；但是他也担心辜负社区。	3. G 不能公开检验关于社区和医药中心代表的重要假设。	无效性（包括对他人和自己没有耐心）。
4. 他诊断出医师不知变通，自己却像他们一样僵硬地行动。		4. 在这种情形下，学习很少。	
		5. 小组和小组间的关系是防御性的。	
		6. G 个人也具有防御性。	

160

的行为，聚焦于困境（由全班从 G 的案例中推论得到）。第二栏是对 G 困境的结果的推论。第三栏聚焦于 G 在这些情况下的学习结果。

我们可以预测 G 或任何人在这样的情况下都不会有效；他对其他人没有耐心，对自己也没有耐心。这就强化了结果，并使得 G 越来越不可能通过自己的行动认识这些困境。他的精力集中在压制结果，并试图在不失去任何一方尊重的前提下获胜。

一旦整个诊断完成，G 说他发现其非常有效。他开始意识到这是一个重要的模式，在他之前的工作中不断重复。

小组进一步探究了为什么 G 发现诊断是有帮助的。我们对于这个过程的推论如下：诊断和表格（表 7-1）帮助他更好地理解这些经验；也就是说，他能够联系来自不同经验水平的不同因素，并能看到这些因素如何使缺乏耐心变成不可避免的结果。越来越清楚的是，是他自己导致了这种缺乏耐心，他现在毫无愧疚感地接受自己的个人品质，因为他所尊重的其余十几位参与者一致认为，在这种情形下，他们也会变得缺乏耐心。

这些诊断也帮助 G 思考如何更加有效地处理他的缺乏耐心。例如，在相似的情况下，他可以告诉他的病人他非常渴望帮助与成功。这些渴望有时会使他变得无助；如果发生那种情况，他会很感谢病人们告诉他真实的感受，然后他会尽最大的努力改正自己的行为。G 也可以设计一种与顾客的新的咨询关系。

在这种新关系中，导致困境的因素会被削减。G 可能也会不带负疚感和焦虑感地降低期望水平，特别是如果这可以帮助他更加有效地与顾客相处。

这个案例厘清了我们之前讨论的心理治疗与研讨会之间的差异，这被称为有效性教育。心理治疗帮助个人发现导致他渴望获胜、担忧被他人拒绝以及使其无视困境的防御等因素的历史原因。在治疗中，这个案例可以成为 G 开始探究人格结构模式的优秀催化剂。如果 G 带着没有意义的焦虑而不听诊断，如果 G 不能理解表 7-1 是他学习和改变行为的基础，如果 G 不能看到由于自己的原因导致他没有耐心，如果 G 不能看到缺乏耐心是比个性更为广泛的议题的表现，那么这个探究将比有效性教育更有必要，并收到更多成果。简而言之，如果 G 不愿学习，他就可能无法在接近第 II 型的环境中学习，这时治疗可能是必要的。

新的行动策略

小组下一阶段的活动对一些人来说可能会比另外一些人更容易完成。它可能由下列陈述说明，例如，"我觉得这可能是归因，但是让我来试试……""让我们推行阿吉里斯所说的……"或"我想知道舍恩会怎么做……"。每个尝试新行为的举动都得到了指导者的强化。参与者信任指导者的观点,指导者接受了这种信任,但是又接着提出模仿指导者的问题——它允许不带责任的实验,如果实验失败,这可以减少失败感;或者如果他们意识到行动者尝试的新行为反映了指导者的模式,这可以降低其他人可能有的不信任。后者的理由是现实而有用的。前者的理由可能是现实的,但是只有在第 I 型的输赢框架中才会起作用。

这个转折阶段的另一个提示是某些人根据他对第 II 型的理解设计新的介入措施。例如,在初始的几个小组讨论部分,案例的讨论总是以委托人详述他希望得到的帮助开始。一天,作为委托人的参与者说他希望改变这个形式:根据第 II 型,他希望评价自己的行为,然后看看他的评价被其他成员肯定或否定的程度。他也说他不希望阻止任何人说"让我来处理它"。有人问那是否意味着他不信任小组成员会对他完全诚实。他承认确实如此,他这么感觉是因为他也会对别人隐瞒有效信息。这个诚实的坦白让其他人同样开放地面对信息的保留。因此,这个讨论不仅会引发更多个人的学习,而且能激发更为有效的小组学习。由个人的自我评估开始寻求肯定或否定,变成了几个学习课程的规范。

一天,另外一名成员说她希望尝试一些不同的事物。她在上课之前已经重写了她的案例,提出希望给大家读读其中的一部分，并期待能得到小组的反馈。她根据第I型的变量（归因、评价）分析她的案例，并根据她现在会做出的新的行为重新撰写案例。她承认，新的对话，即使更加有效，也并不意味着她在真实的情况下可以更有效地行动。她承认她花了整晚的时间重写对话，也承认那是一个艰难的过程。她更加清楚地意识到为什么新对话的关键是发展新的控制变量和新的行为。例如，她会考虑指导者可能会使用的话语，拒绝那些她无法为之辩护的话语。她说："只有当我感到能肯定对话时，只有当我为此负责时，只有当我感到愿意让其接受检验时，我才会把它写进去。这就是为什么我要把它读出来。实际上，我只重写了其中的一半内容。"她开始没有抵触地参与讨论，同时高度开放地探究，她正在学习发展是多么困难的事情。

过去课程的录音可以在这个阶段使用。参与者可以聆听和重构案例研究，来展示更多的有效互动。

一旦个人开始接受第II型的价值观，就可以把他们分成几个规模更小的小组。这样他们可以在同伴的关注下开始更加积极地实验和实践新行为，而此时同伴也比本章之前假设的更具参与性。虽然这些关于转变过程的阶段性变化的描述可能让人想到事件会流畅而按顺序地进行，但情况并非如此。

例如，看一下A的案例，他决定尝试新的行为。课程一开始，他说："我希望尝试不同的事物。我愿意给你们看看我对自己案例的诊断，然后看看你们是否同意。同时，我也希望在我关注的领域得到你们的帮助。我想使我的信奉理论和使用理论更为一致。我可以看到它们的不同，但是我不知道它们为什么不同。"

指导者随后重复了 A 向小组提出的问题，问 A 他的理解是否正确。A 说是的。A 和指导者请求参与者给出自己的反应。给出反应的成员（大约占总成员的四分之三）同意 A 的看法。A 开始说道：

"从最开始，我的某种行为就在进行某种归因，这使得（其他人）不能以我对其归因以外的其他方式行动（A 给出案例）。

"因此，我认为自己做了几个自我实现的预言，因为我不信任他人。我总是开始就认为'我感觉这个人不能被相信'。而且，我没有将自己被欺骗的感受表达出来，也非常担心他将会做的事情。

"我现在知道，我已经无法真正知道如果一开始我就信任他会是怎样的情况。例如，我可以在开始时表达一些自己的感受。我可能会告诉他，我意识到可能会有几个因素是针对他的，我意识到他正处在压力之下，我担心我的案例中会发生些什么。

"我本应该从他对这些评论的反应看出这个人是否可以被信任。如果迹象是积极的，我就会继续，也许我可以更加清晰地听取他的意见。如果不是，那么我会开始采取我在案例中使用的控制压力策略,但是我的负罪感会少一些。

"正如我现在看到的,我的使用理论是:如果你不信任某人,首先,不要验证理论;其次,利用你拥有的一切压迫他,直到他同意。我的信奉理论一直是参与式的、帮助性的等。"

班级后面的讨论看起来有点压迫感,很长时间都保持沉默,而且几乎没有任何补充。这与前面三个讨论阶段的状况相反,前面三部分讨论热烈,补充内容丰富。不管怎样,在前面的三个部分,讨论会的结构使小组成员发展自己对案例的分析,个人作为一个沉默的观察者(例如在 G 的案例中)。这是首次小组面对委托人决定主动分析他的案例,请求小组确认或否认他的诊断。

在 30 分钟的强迫讨论后,B 问 A 如果班级回到之前的操作模式,A 是否会介意。B 问 A 是否愿意退出,让顾问做出他们自己的诊断。A 说他会这么做,几个人松了口气。显然,这个策略对许多成员都有意义。但对教学人员来说并非如此。事实上,这使得讨论方向看起来不仅是相反的,而且还退回到了当事人—顾问这种原始的关系。他等待适当的时机提出这件事情。这个时机发生在班级成员以"显得很弱""不清晰"和"彰显不一致的立场"等术语来描述 A 时。而教学人员感觉 A 是主动的、对自己的诊断十分清楚,并认识到他无法保持行为一致性的事实。

教学人员介入,提出了他对小组过程的诊断(没有人补

第七章 学习第 II 型行为

充），并检验它的有效度。小组成员同意之前的讨论是被迫的，很多评论并不清晰，也存在不一致的归因（他们所描述的 A 显示出来的所有性质）。

指导者说："你（B）要求转换，对我而言似乎可以松一大口气。然而，正如你们几个人所指出的那样，讨论并没有得到改进。到底发生了什么？"

一个成员想知道是否有一些成员并没有被 A 的方法所威胁到。这是一个直截了当的问题：它要求得到肯定或否定的答复，因此它将顾问置于危险之中。另一个成员表示同意，并提出让她感到更加焦虑的是对第 II 型的描述，她感到她现在必须根据第 II 型进行有效的行动。另外三个人也表示同意。当指导者问道，到底是个人或小组的何种因素让他们感到必须在听到第 II 型之后马上在课程上完美地加以实施，成员说这是因为他们需要让指导者感受到他们的能力。他们将指导者视为不断评价他们的人，并希望能获得高分。但是另一个成员问："如果我们相信他告诉我们的，那么他所说的是我们要花多年时间才能学会如何有效行动。""而且，"另一位成员补充说道，"如果我们对成绩感到焦虑，那么我们应该尝试实践第 II 型，因为指导者对我们的打分会基于我们实践和检验新行为的尝试。"

一位成员提出，A 已经通过他的策略控制了小组，他不喜欢这种情况。A 承认这一点并询问其他成员是否也有这种感觉。

有两位成员做出了肯定的回答，其他的人没有说什么。教学人员说他不同意。他感到 A 在积极主动地、负责任地与顾问一起建构他的课程；而且他寻求肯定；这些行为都暗示他正朝着第 II 型前进。这个评论让另外两位沉默的成员说出了自己的想法，他们也感受到 A 是以建构的方式支持积极的行动。其他的六位成员说他们并没有感受到 A 的主动行为。录音被再次回放，在一番仔细的讨论之后，六位成员承认他们没有准确地理解 A 的意思。成员们提出为什么会扭曲对 A 的理解。在长时间的讨论之后，他们得出结论，在整个研讨班和整个课程中，他们觉得 A 是弱小的、羞涩的，甚至是女性化的。他们很难表达自己对 A 的这些感受；实际上，正如其中两个人指出的那样，男性弱小的感觉让他们感到非常不舒服。有趣的是，除了教学人员，没有曲解 A 的那两位成员都是女性。这引出对男女话题和各种感受的深入讨论。在这件事的结尾，一些人问，对 A 的感受难以显露的一个原因是不是班级过分聚焦于认知技能。一些成员同意，但其他成员不同意，他们提出人们拥有这种感觉但是没有表达出来。指导者指出对认知的强调可以消除某些人的情感；他说提出这个问题可以帮助我们记住这个问题。终极技巧包括同时意识到这两个方面。两位成员说他们的问题现在已经不是意识不到自己的感觉，而更多的是意识到却没有能力有效地表达自己的感觉。

第七章 学习第Ⅱ型行为

指导者问小组成员是否愿意重新剖析整个案例。他们表示同意，A 重复了他开始时的叙述。此时，R 开始作为顾问有意识地、开放式地尝试使用第Ⅱ型。

> R（害羞地说）：好，让我们来看看，根据第Ⅱ型，我会说我很难赞同或者否定你的诊断，因为没有案例给我提供可以直观的数据。
>
> A：好的。让我给你一些案例。
>
> R（还是有点害羞，不过比开始时有所缓解）：然后，让我们看看。根据第Ⅱ型，在说（这个）和说（这个）之间是不是存在不一致呢？

A 回答说他觉得这个评论很有用，这导致其他成员指出顾问对 A 行为的不一致。反过来，这让 A 探究了顾问的感受，并让他们更加深入地思考自己的有效性。成员们是这么说的：

> C：这是我们最富有成效的会议之一了。
>
> D：我同意，但是我认为这大部分是因为指导者提出了他做过的事件。记着，我们是从确定早期的无效性是 A 的过错开始讨论的。
>
> A：我发现这个会议对我非常有帮助。

F：我想指导者的存在非常有作用。我们依然非常依赖他，这就是我们必须继续努力的事情。

H：我看到这个阶段在突飞猛进。

依赖也是一个关键问题。虽然小组成员在小组会议期间开始感到彼此更加亲密，但是指导者必须强调参与者的能力，而不是亲密，那才是目标。因为指导者象征着能力，小组成员依赖他的支持和指导。一位成员说她需要指导者的支持来尝试第 II 型的行为。这是一个合适的时机，指导者提供更多帮助的同时，要求成员考虑互相帮助和支持。参与者同意了，一个人建议分成更小的小组，在没有指导者的情况下实践第 II 型。这个课程计划将在下周进行。

小　结

图 7-1 总结了从第 I 型到第 II 型的转变过程。学习的过程基于个人逐渐意识到控制变量、行动策略、行为世界的结果、学习以及信奉理论和使用理论的有效性。当意识到这些变量后，个人可以搜寻存在于每个变量里的或变量之间的不一致性。

一旦不一致开始呈现、生效，并产生无效行为，个人可以选择是否愿意降低所产生的无效性。如果是这样，他就可以开

第七章 学习第Ⅱ型行为

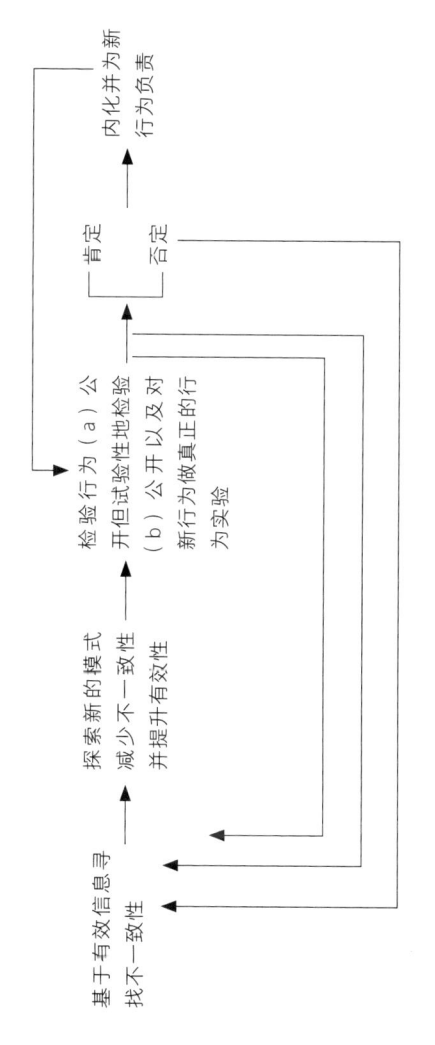

基于有效信息寻 → 探索新的模式 → 检验行为（a）公 ─┬─ 肯定 → 内化并为新
找不一致性　　　减少不一致性　　开但试验性地检验　│　　　　　行为负责
　　　　　　　　并提升有效性　　（b）公开以反对　└─ 否定
　　　　　　　　　　　　　　　　新行为做真正的行
　　　　　　　　　　　　　　　　为实验

图 7-1　第Ⅰ型到第Ⅱ型的转变过程

始探究改变控制变量，发展新的行为策略，以及探究它们对行为世界、学习和有效性的效果。

下一步是检验学习。检验的第一步可以是试验性的。参与者可以问自己，如果他们决定根据新的行动模式改变行为，那将会发生什么？这个讨论主要是认知性的。它不是对一个人和其他人的信奉理论的认知检验。

接下来是根据实际行为对新观点进行公开检验。这要求实验新的行为。个人可能会模仿指导者或其同伴的行为，或者他会产生自己的行为，并寻求肯定或否定。大部分新行为要求发展出一系列新的控制变量或个人价值。因此，在没有质疑原有的价值观，并创造新的价值观的情况下，新的行为就无法习得。

当个人根据他们的行为紧迫性公开检验他的新概念时，当他确定其他人采取他想实践的方法时，以及当他察觉到它们能提高有效性时，个人将追求内化，并对新行为负责。

内化和对行为负责可以用在要求个人掌握必备技巧的自然世界中。这些技巧太过复杂而且很难记忆和找回。因此，这些模式帮助个人鉴定必需的行为，然后在适度压力下有效行动。这些模式可能采用简单的程序为有效行为提供规则。

第 II 型帮助个人有效地应对他的同伴、下属和上司。无论他选择探索到何种程度，都可以使用何种学习模式。[2]

学习型组织的实践理论

第三部分
实　践

本书一开始探索了行动理论、信奉理论和使用理论之间的不协调、每套理论中的不一致，以及有效性的意义和学习提高有效性的条件。接下来，我们通过呈现那些揭示人们信奉理论和使用理论的案例来解释这些概念。最后，我们描述了有助于人们从第Ⅰ型转换到第Ⅱ型的关于学习环境的可能设计。虽然我们也在研讨班上讨论群体动力，但是我们聚焦于个人和人际水平；然而，我们关于行动理论的理论——涉及信奉理论、使用理论、第Ⅰ型、第Ⅱ型和有效性的概念——可以用来理解比个人更大的社会单元的本质和学习过程。

在第三部分，我们将说明如何利用这个理论解释专业教育当前面临的危机；重新设计专业教育，使其能解决许多专业面临的困境。我们将会讨论专业实践、专业机构和专业学习环境。

第八章

专业教育的问题

如今的专业教育在很多方面都矛盾重重。特定的专业——法学、医学、护理学、临床心理学、城市规划——吸引了众多学子；虽然这些专业学校的等候名单很长，但是一些观察者预计到这些专业领域将出现人才短缺。同时，不满变得显而易见，不仅仅在学生当中（在20世纪70年代早期进入专业学校与60年代中后期的学生同样不满），而且年轻的专业从业者、专业学校的校长，甚至是所有教学人员都产生了不满。这种不满在学生中通过宣言、对抗和罢课得到表达；年轻的专业人士通过创造出所谓"反专业"表达不满，他们反对建立专业实践和专业身份的概念；专业人士通过出版物表达不满，他们分析特定专业的危机和改革需要——最近的《卡内基委员会高等教育报告》(Carnegie Commission on Higher Education) 也许是最为众所周知的例子，还有诸如《外科医生的诞生》（*The Making of a Surgeon*）和《精神病医生的诞生》（*The Making of a Psychiatrist*）这样的书籍揭露了专业实践和专业教育丑陋的一面。

虽然不同专业的问题和态度各有特点，但是这种普遍的不满是最古老的职业（医药、法律、政府）和相关新专业（工程学、商业管理、教育管理、城市规划）的共同特征。那些受专业本身困扰的人也对专业教育感到厌烦。这里似乎存在五个中心问题。

不满的原因

专业为谁服务？虽然专业意欲满足社会的重大需要，但批判者说这些需要没有被满足。尽管有大量的资金投入专业当中，但是对那些特别需要帮助的人员提供的服务却在减少。许多学生和年轻的专业人士希望能为那些处境不利的人服务，而不是少数特权阶级。但是他们却发现未来的专业角色不允许他们贯彻他们所认为的职业的社会责任。

一位年轻的法学教授说他的学生心神不宁、失落，因为他们感觉自己与社会脱节。建筑和规划学院的院长说学生希望能解决社会问题——建筑内部及其周边问题——而不是建筑本身。建筑学家的学术技能无法帮助他实现自身广泛的社会功能。

同时，学生也反对建筑专业仅仅服务于特殊利益集团；他们希望为弱势群体服务。在学校不监管的领域，他们也是这么做的。当他们看到研究生院的计划不允许他们以任何社会责任的名义提供服务时，他们感到沮丧和失望，不想毕业。

医学专业也存在相似的情绪。

> 在最近的一个月里，大城市市立教学医院的实习医师和住院医师正在组织抗议，抗议医院对低收入病人糟糕的治疗方式……帮助病人争取他们的权利。同时，其他的年轻医师和学生在全国几百个地区的新的健康中心、自由诊所、孕妇咨询服务中心、福利办公室和社区项目中工作……这些新的医师和实习医师把自己在前线或社区的时间看作成为医生应该做的一部分……甚至在年纪稍大的一代人中……相当数量的医师尝试学习医疗护理经济学，试着在社区和地区组织集体实践，试图形成新的医疗护理服务……

这些关注让学生或年轻的专业人士陷入两难。在已有的专业角色中，学生们找不到任何对自己有意义的出路；专家也发现自己被人谴责没有为被剥夺了公民权的人提供专业服务；专业办公室的负责人说自己不知道该如何资助一家机构为弱势群体服务，而这正是年轻人所希望的。

　　这个发生在 20 世纪 60 年代中期的宣传运动是对这类困境的一个回应，它（根据不同的形式）催促专业人士将自己奉献给处于弱势的病人，为他们说话，教他们成为专业服务的有效使用者，或增强自己的能力以便在相关机构中寻求自己的利益。宣传运动在专业领域广泛传播，如医药、建筑、社会工作、规划、精神学，但是主要在法学领域兴盛——它与生俱来的领域，它的术语和概念大部分都源于这个领域——在其他领域遇到了挫折。顾客对接受年轻专业人士的服务并不那么感兴趣，不愿意他们为自己发言，并没有准备好组织起来，有效宣传的道路比新支持者以为的更为模糊。

　　专业人士具有能力吗？ 不足为奇的是，人们指责专业学校是因为他们并没有培养学生为弱势群体服务的能力。出人意料的是，人们还指责专业学校没有帮助学生成为有能力的从业者。这两个争辩都是正确的。第一个观念认为，专业学校——对于大多数专业人士而言这个理由是很古怪的——没有帮助学生获得应对真实世界问题的核心技能。

　　以法律为例，据说一个声名远播的法律学校划分了法学的专业领域，然后"……让每个领域最好的人教课，以为最好的从业者讲的课就是最好的法律教育"。刑法课程准备"……有关第一、第三和第四修正案的官司，辩护的真实过程包括在官僚

第八章　专业教育的问题

机构中的工作和协商，就跟其他官僚机构一样"。同样，"给学生讲授签订合约和侵权的条例，但是他们发现法律实践不是应用法律条例，而是与其他律师进行协商"。法律学校没有尝试讲授如何与官僚机构打交道，或如何协商和解。这个观点的支持者提出，法律学校的科目为毕业的律师提供共同的专业身份认同，克服相同的障碍，因此拥有共享的话语，使得对方律师可以通过相同的文化从门外汉文化中将其辨认出来。

在建筑领域，富有改革头脑的院长痛批建筑神秘性的概念。正如一位院长所言，传统建筑工作室失败的原因是，"教师进行建筑实践，而不是在建筑实践中教育学生。他们完整地保留了专业设计过程的隐藏魔力"。另一位院长说："传统的工作室完全没有涉及模拟委托人／建筑者关系的问题。它被埋藏在地毯下。"第三位院长说："我们没能成功地帮助学生明白还有很多他们可以继续探寻的知识……他们好像被训练成为自力更生的人，尊重他们自己的偏好和自己的观点，不愿把其他观点和其他可能被概念化或公开应用的方法纳入自己的想法当中。"还有一个院长说："每个建筑工程都是高风险的，要持续100年，公认的高风险——这有助于解释需要神秘的原因。"他们期望学生自己或通过业界佼佼者的帮助神秘地获得能力。

对建筑学和法学教育的批评者也同意学生应该在毕业后的实践中成长为一个有能力的专业人士，而不是在学校中。基于这个批评，这可以作为提醒的原因，或作为事情的自然规律。

对于专业学校没有培养有能力的从业者的论点得到了又一场争论的支持。这场争论的前提是专业角色正经历着彻底的改变。昨日和今日的专业技能将无法满足未来的需要，专业学校却完全专注于那些陈旧的技能，无暇顾及正不断涌现出来的新技能。例如，沙因（Schein）认为专业需要创新者提高实践性，厘清社会中的专业角色。这些创新者应该研究谁是合法的委托人，谁应该起草合同，委托人和专业人士之间的合约本质是什么，以及专业的界限等主题。弗里德曼（Freidman）认为专业需要"成功的计划者"——这些人具有管理人际关系的能力，能发展自我认知，发展学习的能力、共情的能力以及处理矛盾的能力。格提斯菲尔德（Gottesfield）认为必须在一个开放且层级较少的团队中开展专业活动，并将委托人视为团队的参与人员。佩鲁奇和戈斯特尔（Perruci and Gerstle）强调提高工程项目的等级和复杂程度，这要求工程师提高自身的管理能力和理解这些事业的人为后果。

布鲁克斯（Brooks）提供了如今专业面临的困境的最好的陈述：

> （专业人士）希望用自己的专业知识弥补的鸿沟两端正在发生快速的变化——即他必须使用的知识与他必须服

务的社会期望。这两个变化都起源于同一个因素——技术变化。技术创造了机会和期望之间的竞赛……有四个专业……必须承担产生和管理这个改变的责任的冲击。这要求专业具有空前的适应能力和多重功能。

布鲁克斯认为每个专业都在经历根本的变化,重新定义其任务,以及其作为一个专业的本质。他暗示预测未来20年专业任务的本质变化是不可能的。

累积学习会影响从业者吗? 科学界将自己视为探究的学界。自从17世纪英国皇家学会诞生以来,他们重视交流自己的理论、实验方法和结果,原因有两个:其他人可以对此进行检验并从中获益。与这个公开的、开放的累积过程不同,专业人士团体倾向于将有效性实践的学习视为一个私人的、心照不宣的短暂过程。专业从业者倾向于不和自己的同事交流——甚至不清晰地和自己交流——他在实践中学到的东西。对专业人士来说,检验他们的理论或从任何程度的检验中获益是不常见的;也就是说,专业人士经常不考虑他们从之前的情形中汲取的经验教训,就采取行动。

这种特点对一些专业人士来说更为确切。在过去一个世纪里,在探究疾病诊断与治疗的基础理论和应用理论方面,医学在一些方面发展了符合科学界的特性。但是,对医药实践的一些方面而言，这种描述并不准确——例如，关于做出有效临床诊断过程的学习，或关于医患关系的学习。类似地，与科学研究实践相比，科学界在发展科学理论方面也没有很好地做到公开、明确和积累。

建筑学几乎不存在学术传统，因而也不具备公开、明确和积累式的学习。

因为建筑不是连续的，所以建筑在某种意义上只是一套理论的结果；不幸的是，建筑师不会在建筑学的文献和消费中花费很多时间来研究隐藏于建筑中的理论。这种神秘性阻止了建筑系学生准备有能力的实践，也同样阻止了建筑专业人士的学习。

法律是具备公开、明确和积累性的合法性理论，但是缺乏相配套的法律实践理论。能力的发展一般在专业学校外面发生。实际上，法学和其他专业领域一样，学者和实践者之间的分裂已经阻碍了团体对合格实践的学习。

改革是可能的吗？ 专业改革的想法本身存在三个内在的主要困境。第一，专业过于封闭，这可能是因为经济利益，专业不能依赖自我改革。但是自从专业学校与真实世界的专业实践脱节之后，专业学校便不再是主动改革的地方。第二，如果专业学校开始转变为一个全新的专业，那么，这样的人才如何在由旧专业组成的专业领域谋生呢？第三，专业教育的改革必须产生主动改革所需的新专业人士；但是，专业教育改革的人士在哪里呢？哪里有改革实践的理论和能力呢？

自我实现能够发生吗？ 法学教育的研究者发现学生把工作期间的自我实现看得与非工作时间里的自我实现同样重要。例如，新律师认为他们的工作没有意义，希望将更多的个性纳入他们的工作之中。他们拒绝过去那种割裂律师的个人生活和专业生活的做法。虽然研究者发现30多岁的律师可能并不关心这些问题，不过他们采访的许多成熟的专家也具有与学生相同的想法。

沙因发现：

> 在学生看来，许多专业个体人员和许多专业机构都没有反思他们的社会角色，没有为正确的委托人提供高质量的服务，也不响应年轻专业人士想处理相关社会问题的愿望……在许多专业领域，头几年的工作被认为是单调乏味、没有挑战性的，这更像是一个入门仪式，而非有用的学徒教育。

历史起源

今天对专业不满的核心问题具有深厚的历史渊源。明确地说，我们今天称之为专业的事物其实起源于宗教。帕尔默（Palmer）指出：

宗教专业人士是一种冗余。专业人士，正如我所理解的，要能够有信奉、检验，并作为信仰、信心或观点的见证人。至少在传统上，仅仅因为他做了，他值得被人称作专业人士。我同意按照传统观点，专业人士的定义是宗教性的——至少是广义的宗教一词。

每个专业似乎都能从一个信仰中找到它的起源——也就是说，通过专业活动价值得以实现。因此，医学信奉健康、法学信奉正义、教育信奉事实、政府信奉拯救。在历史上的某个时刻，专家人士将信仰转变成了意识形态。意识形态也就是我们所说的专业范式的一个核心成分。专业范式包含的其他元素包括：约束从业者的道德标准，希波克拉底誓言就是其中的典型；一系列构成专业技能的技艺；让初学者练习特定专业技能的协会或联盟；按照专业尊重、权威和信任的原则与外行人建立特定关系；机构场所，例如寺庙、医院、法庭等发生专业活动的地方；以及一套世界观或理论，在这个世界里，专业实践和专业活动的方式都被认为可以创造出意识形态里的美好世界。这些因素在整个专业历史上已经成为专业范式的一部分；它们已经演化成相关联的因素，在不同的时期一些因素比另一些因素更加显著。如果我们分析自中世纪以来西方世界的专业发展，就会发现这些范式。

第八章 专业教育的问题

第一,牧师是专业人士的原型,他们在教会的框架中实践,拥有宗教权威的授权,他们通过一致的方式在神圣的同盟和联合体中发挥着发起作用,即法官、医师、教师以及政府的作用。

第二,专业的世俗化和差异化。医学、教育和法学从教会及其神学的世界观中脱离出来,从神圣的宗教团体中脱离,从神圣的专业变成世俗的道德标准。专业将自己与宗教区分开来,并相互区分,为新增的专业实践创造世俗制度,并极速发展。一些工匠和商人的角色(例如建筑师和工程师)也被提升到专业的地位。

第三,专业自由化和理性化。它们开始向更加广泛的参与者开放。专业知识的书面形式开始积累,专业学习被系统化,专业开始与大学联系起来。专业人士的思想意识也转变成进步的世俗理念。专业作为社会世俗价值保护者的概念开始出现,同样出现的还有专业对社会的责任大于专业协会本身的观点。复合型的专业人士,例如托马斯·杰斐逊(Thomas Jefferson)或本杰明·拉什(Benjamin Rush)出现了。

专业发展的第四阶段是技术的崛起,它伴随着专业人才的增加(例如桥梁建筑工程师)以及专业人士的专业知识与技术(例如工程的压力分析)逐渐分离,这也促成了专业特长。伴随着工业技术的发展,技术主导了专业范式。合适专业技术实践的机构——医院、实验室、工厂出现了。专业人士开始被自己和其他人看作应用专业知识的技术人员,也因此奠定了自己的权威。

虽然所有专业的发展都开始于中世纪,并经历了19世纪和20世纪早期的技术提升,但是各个专业发展的阶段性成果和时间并不相同。[1]

历史发展的模式澄清了一个针对现代专业的批评——技术主导着专业,正如它主宰着我们的社会。帕尔默提出:

> 专业人士已经放弃了他们的传统功能。我对专业的定义——对信念的信奉——是对工程师、化学师、工商管理人员、学术人员的诅咒。他们不将自己视为一个信念的承载者或一种信仰的代言人,而只是技术的实践者……纯粹的、经验的、实际的、适合销售的技术……(那)可以不需要信念。

他对专业的批评基于:

> 这些现代的专业人士无法理解的,当然是技术本身的含糊性、灾难性和邪恶性!例如,他们无法察觉那些纯粹的技术大多必须为东南亚的战争负责……技术指向理性的政治化。技术包括了那些理性的模式,通过这些模式一些

人试图征服其他人。技术不只存在于争论和期刊中，而且还在宣传、精英的政治政策、战争、制度性种族主义，以及无所不在的公众控制中存在。技术是模式，借助于它，自由的乐观主义者和现实的悲观主义者正在尝试开创他们的道路……

帕尔默回应了埃鲁尔（Ellul）对技术更全面的批评，后者曾描述过技术概念在我们社会中的出现、逐渐主宰社会以及它的邪恶影响。

第I型和专业的范式

技术的主导与我们所确定的第I型的特点密不可分。这两个想法共同阐明了导致职业危机的五个主要原因。

专业创造人造物，而人造物的塑形包括了西蒙（Simon）所说的任务环境要求，以及那些限制创造者反应能力的材料。律师的案例、医生的诊断和治疗、建筑师的设计、工程师的项目、规划者的策略都是这个意义上的人造物。

这样的观点暗示了两类技术：第一类技术是指构成了专业实践的技能和艺术；第二类技术是创设第一类技术可以发挥功能的制度化环境所需的技术。

那么，专业不仅是一种实践，还是一套行动的理论。在这套行动理论中，实践可以变成可重制的、有效的技术。这意味着专业教育的工作不仅仅包含了传授技术，还包含了传授方法。通过这种方法便可创造出在行为世界可以发挥作用的技术。

工程师创造了可控环境中——例如实验室或风洞——检测自己的设计。这些环境具有标准化的条件，在任何地方都完全一致，可以进行量化测度和改变。实施工程师设计的实际环境也必须具备三个特性：标准、统一以及容易量化测度和控制。事实上，研究和发展的工程使用历史解释了重要的中间阶段，工厂追求将他们产品的生产环境转变成为合适的工程环境，以让工程技术适合于生产。

对于医师来说，医院、医药实验室和医师办公室都是人造的环境，在这里允许应用医疗技术进行诊断和治疗。这些环境的设计要能测量诊断和治疗理论中的重要变量，以便对病人采取控制性治疗（例如，控制病人对病菌的暴露程度），使病人适应给予标准化治疗所需的条件，并产生预计的结果。这些环境也把控制和预期行为强加给病人。

对于律师来说，法庭和相关的机构提供了这类的人造环境。在法庭上，陈述或辩论按照所有专业人士都理解的程序构造，辩护受到案子涉及法律的限制。在法庭上，固定的对立关系为律师提供了一个应用法律知识的框架。在这个框架中，事情虽不完全,但极易被预测;在这个限制下,标准技术产生了标准结果。

同样,城市规划者的制度环境规定了完成规划实践的条件。在这些条件下,参与者受限于特定的行动,这种行动倾向于提升规划技术的可预测性。

建筑者的办公室和工作室、教师的课室、心理学家的诊所和实验室也具有相同的结构性环境。

专业人士关于这些结构化环境的知识,他在其中实践的证明,他理解此环境中所用语言的能力,以及在此环境中协商的能力,共同构成了他与门外汉形成差别的大部分技术能力和权威。精神分析早期故事的部分魅力就在于早期实践者,如著名的弗洛伊德介绍的标准环境(例如,精神治疗的文化隔离、统一的时长、病人和分析人员的行为结构预期)可以让混乱的事件变得有利于技术的预测性应用。

从这个观点来看,对工厂结构和商业组织结构的描述具有新的意义。维布伦(Veblen)在《商业公司的理论》(*The Theory of the Business Enterprise*)中描述了机械化的工厂——劳动的分工、任务和工作的标准化、结果的量化测量以及易于测量的控制。这些特性使得公司成为可以使用管理技术的人造环境。阿吉里斯描述这些工厂组织的特点与信息和控制的集中化相结合,它们按照经济理性的概念创造可以使用管理技术的环境。理性的组织也是工程化的组织，它与管理者即工程师的概念相呼应。

在每一个专业中，第二类技术创造了人造的环境，它包括：专业人士之间以及专业人士和客户之间正式的结构化互动；让专业人士和客户按照程序行事的规则；明晰角色的区别，阐明对专业人士和客户的期望；把活动分解为标准、统一和可测量的组成部分；对环境加以控制从而使变量的变动有限化和顺序化。专业的使用理论清楚地说明，对于大部分专业环境而言，如果使用了第一类技术，那么结果将会是可期待的。第二类技术创造出第一类技术得以依照预测情况实现的行为世界。在这个意义上，第二种技术成就了专业应用理论的自我实现的预言。这些第二类技术倾向于被用来实现维持第二类一致性的自我强化系统——即专业的世界观和行为世界维持稳定的系统。

随着19世纪技术的发展，专业开始倾向于提炼和发展技术范式的因素以及关注第二类技术的发展，以创造一个技术可以按照预测发挥作用的人造环境。工程项目的范式成为重要的模式；其他的专业也在尝试创造出相似的人造环境，其特点是具有标准的和可以测量的要素，通过对结果和可控变量性能的测量加以控制。

这些人造环境倾向于包含第I型的基本特性：这些环境设计使专业人士能够实现目标、控制任务、呈现其他的可预测行为,从而控制它。这些环境有利于使用理性实现专业目标或通过操控环境获得量化结果。专业人士将控制其他人完成任务当成其目标。

同样地,在20世纪优秀管理组织主导的模式中,经理尝试通过控制雇员的行为完成任务。经理将工作分为足够简单的任务以便任何人都能从事,因此任何人都可能被控制;经理建立了权力和信息的层级结构,只给底层人员提供少量的信息,只允许短暂的时间进行消化吸收。而高层的人员则获得更多的信息、更多的权力和更多的时间。

自从根据第I型设计环境,允许专业技术的预测性实践,这些人造环境就成为第I型的制度。而且,它们鼓励甚至强迫将第I型行为加给所有参与者,使得其他行为变得困难或不可能。然而,这些人造的第I型环境干扰了每种专业理想目标的达成。法庭的控制环境妨碍了正义;工厂的控制环境妨碍了人们借助技术理性地解决人类问题或满足人类的需求;医院的控制环境及其所鼓励的思维妨碍了健康。这些词——"原告""辩护人""消费者""人格""主题""病人",是专业人士创造的人造环境对人的描述。当真实的专业世界转换成人为的,第二类技术的第I型世界、信奉理论或专业的意识形态仅仅沦为装饰品而已。我们现在可以回到本章前面所讨论的专业教育的困境了。

委托人。专业服务被视为商品,能否获取它们取决于能否支付它们，而只有相对富裕的人才能这么做。专业也围绕技能可以施展的制度展开活动，因为制度的设计就是用来控制他人的行为的。因而，并不奇怪专业资源会被那些寻求控制别人的人所调派，或者，希望控制别人行为的人希望能够在专业中起作用，或者进入有这种结构的专业领域的人会发现自己也加入了控制别人行为的系统。

能力。在这方面，专业学校的无效性被归因于学术教育与专业实践现实的区别。布鲁克斯（Brooks）描述了专业学校为了得到学术界的尊敬，要求具备基础科学背景的困境。然而，布鲁克斯的主要观点——飞速的变化使今天所教的专业技术，在明天就会变得陈旧——专业人士是无法在第I型世界里发现的，至少不会马上发现。根据第I型行动的专业人士可能无法参与改变他们范式的双环学习。在自我封闭的世界里，专业人士可能会发现很难或不可能意识到他们在预测新的专业角色需求上能力有限。

累积式学习。第I型行为意味着理论创立和理论验证是私人的、不公开的、单环学习的，而且是竞争而非合作的。我们可以预计，自我强化的二阶环境倾向于维持常态而非通过公开的学习主动地累积发展。

改革。专业技术与使技术运作并制约行为以为其所用的制度之间是一种自我强化的关系——专业强化制度，而反过来制度也强化专业。正如埃鲁尔所说的那样，无论开始的目的如何，技术都将会腐化成控制他人的工具。因此，专业违背了其范式的初始价值（健康、真理、正义），逐步让技术变成范式的核心。伊里奇（Illich）和其他人曾指出，服务提供者根据那种模式认为委托人需要他的技术能够提供的任何东西，这可以被视为第 I 型自我封闭过程的专业版本。这个模式的必然结果是专业人士可能无法发现委托人也许不需要专业人士所能提供的服务，这意味着专业人士会把委托人的任何不满视为拒绝。

自我实现。自我实现与第 I 型世界不相符，这将会导致效能感、自我价值感、生命力和学习力的降低。第 I 型无法积累个人发展，相反只会让人使用其最原始的能力。学生和年轻的专业人士似乎在通过以下途径寻求一种新的不同以往的专业范式。

旧范式	新范式
接待委托人。证明自己的能力，而不打算提供帮助（因为是委托人寻求你的帮助）。	寻找委托人。不仅证明自己的能力，而且打算提供帮助。
狭隘地看待问题，使用规定的技术。在自己技术的应用上很有效。	宏观地看待问题，寻求新的组织和技术来解决问题。有效运用技术。
成功的标准已经由专业规定。	成功的标准是变化的；委托人和其他专业人士的影响很重要。

隐性知识对专业人士来说很重要，他可以利用它来组织、诊断和提出巧妙的解决方案。	解决和诊断的标准不同，取决于从所有参与者那里获得的信息和知识。解决方案会是令人满意的。
在人际互动背景下，拒绝很少发生；只需给予人际互动极少的关注。	在人际互动背景下，即使你的技术很合理，拒绝仍然可能发生。
即使是痛苦的，应用技术也是为了委托人的利益。	应用技术意味着控制他人。这会阻碍从业者和委托人的自我实现。个人必须服从他人以便控制他人。
委托人应该是消极的、开放的和合作的。专业人士则应是坚强的和公平的。	委托人接受的教育越来越多，更加愿意控制他们自己的生活；他们变得倾向于影响专业人士，变得更具有攻击性，会更加积极地参与诊断和治疗的过程。
为了落实自己的技术，专业人士希望在工作中具有自主权。这可能会导致与他所工作的组织发生冲突。成为世界主义者可能会解决组织和专业人士之间的矛盾。	专业人士希望获得选择自由和内在承诺；他希望他的委托人也是如此。他希望委托人和组织超越专业标准挑战自己。

第九章

对专业能力和专业实践的启示

第八章提出了专业实践和专业教育的五个中心问题：专业人士为谁服务，专业学校是否培养了有能力的从业者，专业人士是否从累积性学习中获益，改革是否可能，是否可以在专业实践中完成自我实现。我们看到，出现目前的状况是由于：（1）技术的出现成为专业的主要特征；（2）制度性环境的设计是为了确保技术运作的可预测性。第一类技术和第二类技术的目标是产生可预测的行为，因此可以控制其他人的行为，以便专业人士可以通过理性实践、单方面的设计和控制情形实现他的任务。第I型使用理论是这些技术的基础，并创造了第I型的行为世界。

在我们考虑如何改革专业实践之前，让我们来看看合格的专业实践是什么样的，以及如何获得这些能力。

专业实践的能力

不论今天对能力如何定义，我们可以肯定它的意义明天将会发生改变。未来专业能力的基础将会是学会如何学习。这要求在真实环境中发展个人可持续的实践理论。这意味着专业人士必须学会发展微观行为理论。当微观行为理论组成一个模式时，就能代表一个有效的实践理论。专业人士也必须能根据他的微观行为理论行动以及反思自己的行为，将行为理论与暗藏于其行为中的控制变量相结合，并确定自身行为对行为世界（对自己、委托人和委托系统）、对学习（特别是双环学习）、对有效性的影响。

第 I 型和第 II 型表明有效的实践理论具有如下标准：（1）该理论不应自我封闭。它应该察觉和回应自己的不一致、无效性和最终退化的程度。（2）该理论应该为委托人与专业人士之间的相互学习提供互动。（3）该理论应该让专业人士能够寻求、鉴别和回应新类型的委托人。（4）该理论应该包括专业改革理论，描述从目前行为转变为期待行为的方法。（5）该理论应该有利于创造能承载开放的、公众的、累积式学习的专业社会。（6）该理论应该促使专业实践与自我实现相匹配，包括将自我需要、价值和能力融入工作中，并设立现实但具有挑战性的抱负促进发展。

第九章 对专业能力和专业实践的启示

这些标准强烈建议,有能力的专业人士能够发展的这种实践理论跟第 II 型非常相似——或者,至少对行为世界和我们归因于第 II 型的学习有影响。但是发展专业实践的第 II 型理论意味着什么呢?它如何与专业技术的实践兼容呢?用埃鲁尔的话来说,第 II 型技术应如何避免技术的腐化影响呢?

建立个人的实践理论

建立个人的实践理论包括了诊断、检验和接受个人的因果关系。

诊断。设想一个准备设计大学宿舍的建筑师。他跟指派与其合作的管理委员会见面。他感觉出他们是哪一类型的人,他们对他的不同期望,由他们的经历带来的不同立场,还有他们之间由于利益导致的矛盾看法。这些视角对于建筑师来说非常重要,因为它们标志着他在准备设计的过程中将会遇到的问题。他也需要了解将要使用这些宿舍的学生群体;他们会有不同于他、不同于管理委员会的想法和文化;他可能需要研究学生如何看待空间和设备共享的问题。建筑师必须考虑到宿舍附近的社区。社区对宿舍可能如何反应?如何在宿舍学生和社区居民之间建立桥梁呢?而且,建筑师将会与承包人合作。他必须理解他们的游戏规则,也许还要理解工人对其设计中的特殊建筑问题可能出现的反应。

这些不完全的列举表示，建筑师的有效表现依赖于他将自己融入行动世界的能力。他进入这个世界，理解他们文化的能力将会影响到他对项目的执行。像人类学家与文化一样，建筑师必须面对以人类行为呈现给他的缺乏结构的信息；他必须感觉到哪个信息是中心的，哪个是外围的；他必须尝试着去了解他会遇到的那些人的观点。他也必须为自己建构其他人看待世界的方式，至少在他们的观点会影响自己行为的情况下这么做。

每个专业实践者必须以不同的程度、方式，与个人、小群体、组织和机构进行对话和互动。在每一个案例中，从业者可以选择对其工作的文化环境进行回应的程度。例如，他可能选择专家的立场；他可能希望只学习他所需要的文化，以便建构出自己所作所为的观念。重要的是，学生和年轻专业人士不满的一种根源是他们无法对委托人的文化给予更多的回应。从业者不能通过对其他文化的阅读、道听途说建立理论来增加其回应程度。他必须从通过自己与他人的互动所得到的松散的信息中，构建自己的理论。

检验。为了避免行为理论的自我封闭，从业者必须学会检验自己的理论和假设。然而，有些假设无法通过直接的观察得以确定（"我的委托人拥有他不愿意表达的需求"）；检验要求提出一个前提假设，这个假设可以将无法观察的事项、一些可直接观察的迹象和可以直接观察的迹象所关联的行动联系起来。

第九章 对专业能力和专业实践的启示

实践的每一个情形都是检验行为理论一些元素的机会。行动是检验，从业者就是实验者。

检验并不简单。专业实践的检验具有两个障碍：第一个障碍就是从业者的实际环境和实验室环境之间的差异。在实验室中，一些因素可以被控制。但是在实践环境中，人们不可能确认所有的因素，不可能掌控全部的因素，不可能在控制一些因素时让另一些因素保持不变。此外，无法在不影响结果的情况下测量结果，而且实践的要求也远比研究环境中的要多。这些社会实验的障碍经常被研究者提及，[1] 他们也都努力在专业实践框架内推行实验。

另一个障碍是在专业实践环境中，所检验的行为理论具备人为本质。在我们社会的第Ⅰ型使用理论下，行为理论是自我封闭的。我们对行为世界的假设让我们的行为方式能够引导（或确认）他人做出支撑我们假设的行为。我们不愿接受通过各种可靠的信息得出的会否认我们假设，检验我们理论的努力——在第Ⅰ型的影响下——只会采纳验证我们理论的信息。我们的使用理论变成有效的自我实现的预言。

如果术语"检验"（testing）和"实验"（experiment）在实践环境中意有所指，它们意味着与在严格的科学条件下进行实验类似的情况。然而，有一种适合在实践环境下检验的中等严密标准。以下是它的一些特征。

询问情形。将你自己的经历作为数据来源。任何预料之外或没有联系的经验被视为要解释的现象。认真地将情形作为知识资源。

形成关于数据的视角（假设暗示着与实验室相似的环境）。这个视角必须描述一个关于数据的故事，[2] 一场相关的争论和一个对应的概念结构，这要根据你的使用理论对行动产生影响。

视角必须忠实于你的数据——也就是说，视角必须包括预料之外或没有联系的方面，不能遗漏任何不适合的数据。而且，你必须使用你已掌握的技术（例如，人类学技术）生成数据。当然也需要衡量进一步收集数据的付出和收集数据本身的收益。[3]

对于数据的视角，保持明确的矛盾态度：你必须致力于它以便对其采取行动——因为没有承诺的行动是无效的——但是在收集新数据时，你必须准备好接受消极的评估。你的立场必须既包括全心全意地支持它，也包括准备好随时抛弃它。

这个视角应该产生这种行动的顺序和结果，即一个发现或另一个发现可以导致视角的修正——修正可以让观察到的结果有意义。确认或修正使经验中的行动有效。它们与你的承诺一致，这样询问者——或者换个角度看也可能是你自己——可以带着不同的假设面对这样的情形，觉察数据的不同角度，经历与你相似的过程，然后得出一个不同的确证的视角。当这一切发生时，它变成了新数据资源，必然产生一个新的探究过程。

第九章 对专业能力和专业实践的启示

你的使用理论必须包括这些过程,虽然可能无法保证能够融合相互矛盾的视角。

使用理论自我封闭的本质只能通过一种行动改变。如果我们——使用自我封闭的使用理论——串通他人隐瞒能够否认彼此假设的信息,那么必须通过分享直接观察的数据、对数据的解释、检验我们对他人的归因,来打破之前的"串通"。我们不可能只为自己这么做,我们也必须为了他人,跟他人合作。分享行为世界的特征必须被改变,只有当我们正视不同的使用理论,并且开始行动时,这些特征才会改变。

为了阐明这个问题,设想一个部门的领导A,他个人认为其他部门的领导打算夺取自己部门所需要的资源。他决定抢在别人前面夺取这些资源。其他部门的领导,受到A行动的威胁,也以相同的方式加以回应。A没有看到他们的行为是对自己行为的回应,而是把它们作为他必须阻止其他人行动的证据;他感到自己的怀疑被证实了。

为了检验他的假设,A必须承认他可能犯错了。他要意识到自己的行为和其他部门领导行为之间的关系。他不得不考虑他们和自己一样可能准备改变这场竞争游戏的本质。他必须开始行动,就好像这种可能性是真的一样;也就是说,他和其他部门领导必须将分配稀缺资源作为一个共同的问题。

这样的检验虽然不符合实验室的标准,但是却可能获得只能通过经验习得的适度严谨性。正如没有在实验室做过实验，人们就不能学习有效的实验程序，人们也不可能在没有检验程序的实践情形下学习这种可能的检验。

个人的因果关系。从业者必须愿意为自己的所作所为负责。在现实的实践环境中，失败的代价是高昂的。从业者在压力下行动，必须在截止日期前完成任务，受到时间和金钱的限制，必须面对因为环境复杂和脱离常规而带来的失败的风险。在意识到这些因素的情况下，行动才是负责任的行动；没有它，行动理论不可能变成有效的实践。

没有对责任的承诺，从业者就不能产生行动理论。只有经过认真对待的数据和理论才是有用的。¹此外，除非人们重视自己的价值，认真对待它们，否则人们就无法根据对使用理论有重要意义的数据产生观点。价值是工具，通过它，我们可以超越我们能应对的无数的信息（我们第一次面对真实情况的典型状态），构建我们可以行动的简化的、结构化的情形。但是仅仅拥有对情形有价值的数据不能形成一个观点；个人必须致力于这个观点并据此行动。否则，他就只能依赖其他人的价值，或者在这样的情形下就不可能有所作为。

认真对待自己的观点需要个体坚决地肯定自己。这使得从业者可以在面对他人的反对，以及通常伴随出现的背离专业的常规作为时，依然能够作业。因此认真对待自己的价值对于实

第九章 对专业能力和专业实践的启示

践创新非常重要。同样，如果一个人愿意承认感知到的失败，那么对自己的承诺也非常重要。专业人士所在的机构不会宽恕失败，但如果从业者第一次开始采取复杂的、未经检验的行动，那么失败是一个可预计的结果。如果实验方法陈旧，那么消极的结果比积极的结果更糟糕，因为这代表着对期待的失望。除非消极结果得到重视，否则就不会有来自经验的实验和学习。

如今专业人士所信奉的价值和原则可能与委托人的要求相矛盾。在过去 10 至 20 年间，从业者已经被要求参与机构的改革——他们被要求不仅学习流行的价值，而且要改变它们。

这意味着大部分的实践情形是专业机构（医保系统、法庭、城市）的需求与专业人士改变这些机构的需求之间的矛盾。例如：来自付费的委托人（经常是负责为他人开发计划的机构）与那些要求更多参与到规划中，并受到规划影响的使用者、消费者和民众的矛盾；对机构忠诚的要求与对专业新兴概念的要求之间的矛盾；[5] 在机构限制的条件下工作的要求与对加强自我封闭理论的专业机构和从业者行为进行改革的要求之间的矛盾。这些矛盾对专业实践来说不具有普遍性，它们的解决方案需要个人的承诺。

我们对如何学习做出承诺还不是很清晰，特别是那些对其他学习至关重要的承诺。至少我们要注意必须做出这种承诺的情形是怎样的，以及无法做到可能产生的后果。

第 II 型与专业实践的方方面面

我们已经讨论过，如果专业要回应我们上面描述的问题，那么专业实践理论必须能对行为世界和学习带来第 II 型的结果。但是，我们所指的是专业使用理论的哪个方面呢？明显不是医生的手术理论或工程师的结构理论。为了回答这个问题，我们必须首先区分专业实践理论的应用领域。区分技术理论和人际理论也很有用。技术理论列出从业者将会在实际任务中使用的技术。人际理论指出专业人士在实践过程中如何与委托人和其他人士发生互动。

技术理论和人际理论相互渗透。第 II 型同时应用于人际理论和技术理论。这两个理论的渗透程度受专业类型的影响。例如在教育、咨询、心理治疗等专业中，互相渗透程度之深使技术理论几乎成了人际理论。然而在建筑、手术、法律和工程等专业中，有些活动只需要技术理论而不需要人际理论。建筑师可以计算结构压力和张力，律师可以检验安全和贸易委员会的条例，医生可以做手术，工程师可以研究飞机的飞行特点，而都不需要与委托人发生互动。但这些专业的其他活动要求与他人互动。例如，建筑师必须与建筑监察员和承包人讨价还价，律师要跟他们的委托人面谈，医生可能需要与病人讨论手术，工程师必须决定哪种设计更为打动委托人。

专业与委托人的互动需求越少，专业具有的自主性就越大。为了完成专业任务，专业需要与委托人互动得越多，专业具有的相互依赖性也就越强。

技术理论和人际理论在理论建构中的相互渗透。在诊断、检验和实施的环节中，专业的自主性与依赖性也会发生相应的变化，如表9-1所示。内科医师在诊断和检查病人时，可能需要非常依赖他的人际使用理论。可是，实施（给糖尿病人注射胰岛素）时，却可以既不需要人际维度，也可以高度依赖人际维度（让病人进行身体锻炼或禁止食用某些食物）。相似地，税务律师在诊断和检查委托人的税务问题时需要人际技巧，但是当他在辩护时可能就不需要。另一方面，刑事律师在三个阶段可能都非常依赖人际维度。城市规划者在诊断阶段可能需要技术和人际技巧，当他开始规划时，可能需要更多的技术技巧，而在实施阶段又可能同时需要技术技巧和人际技巧。

表9-1 三个阶段专业自主性和依赖性的相关变化

	诊断	检验	实施
技术			
人际			

相对自主的专业可能在诊断和检验阶段不需要委托人的参与，但是在实施阶段却需要委托人的参与。每个专业在自主性和依赖

性之间具有一定的波动性，根据专业和委托人的活动而定。

例如，操作研究的小组倾向于将自己视为相对独立于委托人。在一份研究中，我们观察到他们的大部分时间并不与委托人交流，而是集中开发委托人要求的模型。可是当模型构建完毕，即使他们满足了委托人的要求，他们也可能遭受拒绝，而理由跟技术没有多大关系。这个反应对专业人士来说可能并不理性。是什么让执行领导层拒绝了他们之前要求的模型呢？专业人士经常（但不是故意地）表现出他们的困扰和愤怒。领导层感受到之后，带着组织所赋予他们的更大的权力，训斥专业人士。这使专业人士更加生气，但是也感受到领导层的敌意，他们开始尽力抑制紧张感。因为无法表达而逐渐累积的紧张感开始破坏研究者的技术性专业能力。这反过来加深了专业人士的问题。

对领导层的研究显示，他们将这个成功的模型视为对他们生存的潜在危险，是对他们的领导风格有效性的威胁。他们相信模型会降低他们的政治活动能力，增加别人对他们的控制，让他们更容易受到其他人的评价。实际上，领导层希望在诊断和问题解决阶段，保持他们和专业人士之间的距离，因为这样做可以让他们更容易地拒绝产品。

操作研究者对管理者拒绝行为的反应在面对自己和他人的情感时并不是那么有效。事实上，人们可能会假设他们受操作性研究专业的吸引，所以他们能够回避对自己或其他人情感的

第九章　对专业能力和专业实践的启示

处理，特别是关于权力、敌对和拒绝等。因此，虽然操作性研究很少要求洞察情感和人际问题，但如果要让委托人接受操作性研究的模式，就可能需要对这些人际领域进行了解，并具备相应的技能。两个重要的研究型从业者提出，委托人的接受和有效的实施是操作研究的关键问题。确实，人们可能会争论，在很长的时间内操作研究者和领导层之间可能会产生的信任危机。这些危机不仅会使得接受变得更加困难，而且会影响提供专业人士他们所需的原始数据的承诺。回忆第三章提及的市场经理的案例，经理的主要问题与产品没有太大的关系，而是销售人员与顾客之间持续扩大的信任鸿沟以及不信任。尽管组织尝试缩小鸿沟，但鸿沟看起来却是愈发扩大，销售人员被弄得团团转，但产品其实是最好的。

专业人士和委托人人际理论的相互渗透。将自己视为自主者的专业人士仍与委托人在人际理论上存在互动，委托人也起着作用。这些人际理论的相互作用可能会降低专业人士技术理论的有效性，正如它在先前的操作研究小组案例中那样。委托人的人际互动理论决定了他们对专业人士的行为。第三章中提到的城市规划者就面对了不信任他的委托人，而且委托人的人际使用理论还促使他们攻击专业人士。城市规划者的回应变得更具防御性，将自己的真实情感隐藏起来。委托人明显感到他在压制自己的感受，这让他们更加确信城市规划者不值得信任。

他们的反应就是对城市规划者提出要求，这大大降低了城市规划者所喜爱的设计被接受的可能性。

有些专业人士将人际问题视为不相关的；这可能掩饰了与专业人士的信奉理论不一致的人际使用理论。例如，一项关于儿科医生及其病人的现场研究显示，虽然76%的妈妈表示总体来说对诊疗十分满意，但依然存在显著的不满：800位受访妈妈中大约有五分之一（149人）表示她们没有被清晰地告知她们的孩子到底是哪里不舒服；大约一半的妈妈在诊疗后仍旧想知道究竟是什么导致孩子生病；42%的妈妈采纳了医生的建议，38%只是部分采纳建议，11%的人则没有接受建议（9%的成员无法统计）；不满的妈妈最严重和最普遍的抱怨是医生对她们视若珍宝的孩子关注不够。关键变量不在于会面的长短，而在于妈妈和医生之间相互理解的清晰度；在此，技术语言是一个问题，但绝对不是最重要的问题。

虽然一些妈妈可能歪曲了现实，但重要的一点是医生很少会创造一个让妈妈可以检测自己的担忧的情境，以便医生可以弄清它们的实际影响。科尔施（Korsh）和内格雷特（Negrete）得出结论，这些维度的有效性不会要求已经过度工作的医生付出更多的时间。

令人信服的是，妈妈们可以意识到她们的个人感受和医生的专业有效性无关。出于对医生的恐惧或担忧，她们可能已经

第九章 对专业能力和专业实践的启示

将距离视为合法。然而，她们通过培养内部的紧张感、不满和忽视医生的建议处理距离的问题。像执行领导层一样，她们在诊断和问题解决阶段保持距离；与执行领导层不同的是，在此之后她们依然保持着距离。

在另外的一个案例研究中，卡斯帕（Kasper）揭示了病人能够根据他们对医生专长的观察来改变他们给予医生的信息。他们也保持距离，隐瞒事实修改自己对病情的描述以便满足医生的专长。例如，几个病人向内科医师（I）和精神科医师（P）描述了同一个问题。注意这些差异："运动导致心脏的疼痛"（对 I 说）和"紧张导致心脏疼痛"（对 P 说）；"肚子疼和肿胀"（对 I 说）和"不明确的担忧使肚子疼"（对 P 说）；"头疼，偶尔酒精可以缓解"（对 I 说）和"酒精是一个很大的问题——偶尔头疼"（对 P 说）；"背疼让我无法工作"（对 I 说）和"不喜欢工作，自从我开店以来就开始头疼"（对 P 说）。

让问题更复杂的是，大部分专业人士倾向于维护与他们使用理论不相合的信奉理论。操作研究者的信奉理论不包含领导层的沮丧，因为沮丧会创造出更多的防御，或者因为他们的模型让领导层感到缺乏能力或权力。同样地，医生信奉的技术理论很少描述如何与不同的病人互动，或如何阻止被歪曲了的回答。

专业教育也不会提醒学生要关注委托人对专业的信奉理论和使用理论。例如，一些委托人可能相信"不能信任律师，他们想做的不过是赚钱",或者"那些律师都已经安排好了,一旦你与他们扯上关系,除了律师外,没有人会赢"。又或者委托人可能相信医生总是过度工作,因为他们非常忙,想变成商人;他们处在相当大的压力之下,当人们到医生办公室时,他们就知道自己想要说什么;如果一个人不喜欢医生的礼貌,他就会抑制这些情感。因此,专业有效性也依赖于委托人对自身的信奉理论和使用理论不一致的认可度。表9-2解释了这种区别。

表 9-2 专业有效性依赖于委托人对自身信奉理论和使用理论不一致的认可度

		诊断	检验	实施
技术	信奉理论			
	使用理论			
人际	信奉理论			
	使用理论			

我们可以看到建构个体自己的实践理论和与第II型相关实践的人际领域之间存在着密切的关系。

理论建设的每一个维度都具有人际组成部分。在诊断过程中,从业者与他的委托人互动,寻求有效的信息以建立自己的解释。在检测过程中,从业者受自我封闭假设的困扰,除非他可以想象另一种观点,或从其他人那里获得有效信息,并根据那种观点开始行动。当从业者面对这些专业角色固化的矛盾时,

第九章 对专业能力和专业实践的启示

他的解决能力依赖于他与不同类型的委托人、与所在组织的其他成员及与本专业领域中的其他人之间的互动。

在所有这些互动中，从业者的有效性依赖于他自己的人际理论的有效性——如果我们正确的话，可以将有效性提升至符合第 II 型。

第 II 型作为技术的悖论

我们已经看到，专业实践的技术理论和人际理论相互渗透，从业者的有效性依赖于他将第 II 型运用到实践人际领域的能力。但是，因为专业教育和专业实践目前的困境可以追溯到技术的起源和由技术产生的第 I 型世界，人们可能会问第 II 型是否也是这样一种技术，它更善于处理对其他类型技术的批评。埃鲁尔提出，说到底不能以一种技术打击另一种技术。

让我们考虑一下可能会应用到第 II 型的针对技术的批评。它们形成三大类：技术就是权力，权力腐败；技术好像有了自己的生命，它们的运作面向更为广阔的可能应用空间，忽视了技术发明者的初衷（可以做的就会被做）；技术要求制度性的环境，其中技术可以实践，因此，制度可能会出现技术所要求的特征，而这种环境对人类而言是被扭曲的和去人性化的。

我们认为，对技术的这些批评不仅仅是针对技术本身，也针对技术力量单方面造就的行为世界，而且既不是可对抗的、可检测的，也不是可影响的。简而言之，如果技术具有第 I 型的特性，并存在于强化它的第 I 型当中，那么这些对技术影响的批评就是正确的。

虽然第 II 型是一项技术，但它的控制变量（有效信息、自由选择、内在承诺）与被批评的技术的控制变量是对立的。

在与第 II 型一致的行为世界中，技术将会在双向而非单向的环境中被使用；促成心理成功而非心理失败的条件将成为支配力量；评估、奖励和惩罚将会在肯定或否定的情况下执行，而不是掌权者的单边行动；自我接受感，而非个人成果的物质价值，会更加受到重视。

那些将技术视为邪恶的人希望提出三个方向的改革。他们中的某些人希望减少技术，并阻止它对于人类生活条件的决定性。这个修补方案有时候会被作为整体的社会倡导，有时则得到个人的支持；在后一种情况下，它偶尔会让年轻人向往配备了电子吉他和音响的乡村公社。这种修补方案的支持者即使有，也很少会建议取消所有的技术（例如，大部分似乎都很重视现代医药技术），而似乎支持选择性地消除技术。这个以个人为基础的回应的可行性依赖于积极选择还是消极行为是行为世界的规范。自由选择拥有在第 II 型行为世界中蓬勃发展的最好机会；在第 II 型行为世界中，人们鼓励个体去选择、设计和管理塑造

第九章 对专业能力和专业实践的启示

自己生活的各种因素。

还有人希望用信仰取代技术，成为人类价值的核心。帕尔默要求专业人士重新将自己奉献给自己专业的原始价值——健康、正义和真理。对人类价值的重新奉献是值得表扬的，但是这种修补方案并不完整。这种奉献如何实现或延续下去？这种建议与有效实践的理论是脱节的。

最后，还有一些人提倡，建立由技术受害者所组成的对抗性力量，以限制技术的控制力量。在美国，拉尔夫·纳德（Ralph Nader）的名字是与之相关的最常出现的名字。他积极组织支持运动，寻求为那些没有权力的、深受技术运用影响的人谋取权益。这个运动非常适合于它希望对抗的邪恶，因为它自己本身就是根据第 I 型组织起来的。短期内，它可能是必要而有效的，但是从长远看来，它可能显现出第 I 型行为世界的状况。

一个更为基本的回答是帮助专业人士（只要专业人士被视为最主要的技术运作者和操控者）学习和内化第 II 型的控制变量和策略。这将会使技术管理变得可以对质，提高技术解决方案的自由选择，以及将人类价值的追求与有效的实践联系起来。当然，这不会轻易实现，因为它要求对专业和专业教育进行全新的设计。

小　结

专业能力要求持续地发展个人的实践理论，而如果想要实践理论是有效的，这必须包含技术和人际理论。不存在完全自主的专业；事实上，实践的人际领域有可能比我们经常假设的更加广泛。

专业实践的理论建设要求从业者具有与诊断、解决方案的形成和检验以及与在执行解决方案过程中个人因果推理经历相关的能力。在理论建设的每一个环节，技术理论和人际理论由于专业的不同，以不同的方式和不同的程度相互渗透。有能力的专业人士应该根据第 II 型在实践的人际领域中行动。他的无能将会限制他的发展，也会限制专业实践的有效技术理论的运用。他对第 II 型技术的掌握将会使他有能力对抗和改变与专业技术相联系的第 I 型世界。

第十章

重新设计专业教育

根据前面的讨论，本章为专业教育的重新设计提供了一个指南。专业能力的两个因素来自专业问题和变幻莫测的专业实践环境。它们具有建造发展性实践理论的能力，也具有将第II型运用到人际实践领域中的能力。我们已经勾勒出了构建实践理论所需要的能力维度，并描述了一些不同专业显示出的技术理论和人际理论的不同结构。这些不同的结构提出了重新设计专业教育的不同问题，我们将开始讨论这些不同。然而，在另一方面，重新设计的问题在于所有专业都是相似的；它们要求将各种实践整合到专业教育当中。我们将会在下面讨论整合这个问题，并将它与前面的分析联系起来。

专业理论

不同的专业具有不同的技术理论和人际理论结构，它们可以产生专业教育的不同问题。我们将会讨论三个说明性结构：一个是存在于信奉理论和使用理论之间的不一致；一个是技术的信奉理论和技术的使用理论过时或不存在；一个是没有信奉理论，但有许多有效的使用理论。

信奉理论和使用理论之间的不一致。让我们先从教育领域开始考虑。例如，关于数学教学有着不同的理论。大约20年以前，提高中小学数学内容的努力集中在讲授更加基础的数学知识。一群杰出的学者反对这种设计，基于它会导致一代学生不能有效地使用数学解决日常生活中简单而常见的加减乘除。

教育争论的另外一个例子就是小组教学开放而灵活的课堂环境。技术的信奉理论包含了不一致的主张，例如课堂中合适的学生人数、关于教师教学的灵活程度，以及关于学生可以忽略教学大纲的自由。

研究显示，在这些案例中，信奉理论和使用理论倾向于不一致。例如萨勒森（Saranson）指出，在无效、人员缺少的学校，教师知道了新的教程。很多教师很快就知道不要提出什么问题，特别是反对声浪。因为他们自己也从未令人满意地学习新的数学板块，所以他们在课堂上表现出来的技术使用理论与

第十章 重新设计专业教育

信奉理论非常不一致。

小组教学的信奉概念提出，教师应该是相互依赖、平等、有凝聚力的小组。不幸的是，这样的相互依赖很少发生，因为在许多例子中，高级教师掌管一切，其他教师不能对抗这种状态。于是，他们表面上遵从高级教师但是按照自己的意愿来教学。如果他们不能具有这种自由，那么他们就会幻想破灭。

在教育中，人际理论的不一致包括：（1）每个孩子都应该被当作特殊的个体对待，但是给教师这么大规模的班级，教师还要维持系统的正常运转，这么严格的时间会限制孩子的个性发展。（2）教师学习过要相信儿童有组织发展的能力——据此，孩子可以获得比在学校课堂更多的成就。可是教师发现，即使是为学习创造最容易理解的必要的课堂安排也很难创造出一个有组织发展的环境。此外，信奉理论不是很有用，因为孩子发展的动机具有很大的个体差异。技术的信奉理论从没有确定这些差异，也没有制定出有效可用的技术可以让教师评估每个学生的能力和动机。

新的数学和科学课程，尽管它们显得很优异，但是没有如创造者所期待的那样被很好地接受。最大的问题在于向教师介绍新课程的技术和人际使用理论。最开始，大部分改变课程的方案都假设如果向每个教师有效地展示清晰理性的情景，教师就会接受方案。被忽略的是围绕原有课程发展起来的感受、态度和价值，维护它们的群体规范，以及发展了这么多年，用来保护个人的感受、价值以及群体规范的等级式管理。

在法律方面，关于公司和个人税收支付的技术信奉理论非常复杂，很少有门外汉能理解它。学生通过探究无数的案例了解税法，这些案例之所以会被选中是因为它们解释了关键问题。这给了学生一个印象，就是律师的关键能力是能够寻找适合于委托人问题的合适的税法条文。一旦律师走出这个领域，他们就会发现使用理论非常不同。关键能力其实是了解讨价还价的相关因素，以确定案子如何能被解决。

其他法律领域的技术信奉理论要求律师必须完全忠诚地代表委托人的利益。律师发现他们自己时常为了达成和解与对方律师进行商讨，以保证律师事务所能获得一定程度的收入；这些解决方式也被声称为了委托人的利益。

在一个合理重构的专业课程中，课程应该指出这些不一致和不协调，并开始着手解决它们。这将需要一些有能力理解同时讲授信奉理论和使用理论重要性的教师。确实，教师们也需要对学生描述出他们应对这些问题的实践理论。

探究这些问题将会产生一些积极的结果：（1）学生从一开始就能意识到学术教育与实践的差距；（2）还在学校时，他们将会开始思考和相互检验他们的实践理论；（3）学生可以要求额外的课程，并在其中促使自己新生的实践理论更加有效。例如，法学学生学习如何讨价还价、与不同群体之间的互动以及与委托人的面谈。教师可能要研究人际矛盾的动态，以及建设性地对抗权威和学生所需的能力。

为了减少信奉理论和使用理论之间的差距，应该鼓励教师们开展研究或者指导他人进行研究。这会促使在学术环境中，通过这类学习将自我封闭的过程最小化，并将双环学习的过程最大化。

过时或不存在相互统一的技术理论。城市规划者对什么元素构成了有能力的实践没有达成一致。城市规划的早期范式集中在对土地使用和区域划分，以及实体设施的分布。到了20世纪60年代，这一切让位给了更为广泛的社会和经济规划的概念。今天的城市设计师更多地是成为一个多面手：他可能需要发展与公民互动的技巧；他需要发展处理群体间关系的技巧；他需要理解复杂的经济问题和社会问题，以及随着制度变迁而不可避免的政治问题。

一个结果就是将相关的社会科学研究介绍到城市设计课程中。微观经济学、社区政治学、组织理论、决策理论、经济分析等仅仅是一部分从其他理论中借来的科目。这种外来学科的插入自然存在它的问题。虽然来自其他学科的学者可能会为重要的设计需求带来有价值的概念，但是专业学校很难给予它们公平的地位。由于学生对自己学科的教育已经感到忧虑，当他们面对与自己学科联系不算非常紧密的新概念时，他们会产生更多的焦虑。

他们可能会消极地拒绝无法立即应用于实践的理论，也可能因此部分或完全地拒绝新加入的、与专业相关性不大的学科。

这些反应可能会使有创新的高级学者失望，因此他们就会退回到原先的科目上去。专业学校可能会尝试招聘一些年轻的学者，但是高级学者将会小心翼翼地将年轻学者带离这些环境，因为学生和专业学校需要的不是新的或实验性的观点，而是将已知的基础概念转化为专业的词汇。

在这种情况下教育学生需要有能力的教师工作在自己领域的前线。这种教师具备足够的自信，不会因为缺乏认同而感到威胁。教师应该有技巧帮助学生学习自己的经验，并建立新的技术理论。而且，学生需要学习如何转化在其他领域内产生的概念，同时以自己的专业领域作为产生新知识的起点。

布鲁克斯（Brooks）指出了专业教育的另一个困惑。以学科为导向的教师信奉的价值和需求可能与那些计划进入这一领域的专业人士不一样。例如在教育管理领域，他们都认识到了对教育环境的重新设计。学校吸引了对这一设计感兴趣的学者。这些学者开始看到如今学校的不合理设计和无效管理。他们的设计需要一系列新的价值和技术；他们的管理理念呼吁关于有效领导的新观点。学习教育管理的学生可能对新的观念非常热情，但是他们越接近毕业，他们就愈发意识到只有当懂得如何运用传统的管理方法管理传统的学校时，他们才能找到工作。这样

第十章 重新设计专业教育

一来，他们可能会压制自己的很多信仰，就为了取悦代表旧实践的老教师，而这只是希望能够提高他们找到合适工作的机会。

没有信奉理论，但有有效的使用理论。 出色的内科医生无法阐明令他成功诊断疑难杂症的临床判断过程，但他可以多次给学生重复这个行为。具有创造性的建筑师无法提供设计的信奉理论，但是他可以设计出崭新的、富有创造性的结构。学校管理者无法明确表述他能感受到学校深陷困境的信奉理论，但是通过访问和非正式的讨论，他能干练地诊断出学校环境的问题。还有很多例子可以说明，专业人士没有信奉理论，但是具有有效的使用理论。

对这些专业而言，秘诀非常重要，因为从业者不会试着将自己的技术理论公开化。

实践和理论的两极化在这种情况下可能更为极端。有效的从业者无法理解自己为什么有效，但却拥有证明他有效的直接观察到的数据。这些从业者被称为"奇才""聪明""直觉灵敏"；因此，他们接受了许多有利的机会来实践他们的技巧。繁忙的实践、缺乏兴趣或关于有效性的自我担忧可能会导致理论和实践进一步分离。

成功的从业者受到同行的尊敬，他们也倾向于发展依赖于神秘能力的一种心理环境。在这些条件下，专业人士可能很难承认这一点，虽然他知道自己是成功的，但是他不知道该如何告诉其他人应该如何有效地行动。

这样的从业者可能会成为兼职或全职的教师，但是他们却不能帮助学生向无法表达使用理论的专业人士学习。而且，如果从业者依赖他的神秘性，他可能也会担心这些行为方式会摧毁直觉性的技能和隐性知识的能力。

这些从业者可能拒绝被他人观察和研究，因为可能会被人推断出自己的使用理论并最终发展出一套技术性的信奉理论。他们愿意好奇地讨论自己领域中的问题，但是却不愿讨论促成他们有效性的原因。例如，他们可能愿意描述他们作为成功的管理层所面临的困难和挑战。但是，当被问到是什么促成了他们的有效性时，回答可能从"我不知道，我只是觉得这么做是对的"跨越到表面的谦卑"这个问题你得问别人"。

这三个条件中的任何一个都需要一个不同反应。当信奉理论和使用理论之间存在不一致时，教师就不得不将信奉技术理论、信奉人际理论、实践理论以及三者之间的不一致、不协调和冲突摆出来。当出现过时或不存在相互统一的技术理论时，重要的是鼓励探究存在于专业活动转型中的价值冲突。当没有信奉理论，但有有效的使用理论时，教师尤其需要尝试摆明潜在的问题，公开检验假设、辨识自我封闭性、重视对各自学科中的理论的双环学习。

虽然每一个要求对每个情境来说都非常重要，但许多专业人士可能在自己的领域内经历所有这三个条件。在一个给定的专业学校中，所有这三个条件都需要得到强调。

这要求教师不要创造强调探究竞争的班级，不要让非输即赢模式占据主导，不要严格控制学习环境和任务。相反，它需要教师能形成自己的观点，能够接受挑战和被影响，能够设计非单边控制的学习环境。在这样的环境中，心理成就感占了主导；学生自己设定目标和实现目标的途径，确立既现实又具挑战性的期望；评估、奖励和惩罚通过肯定或否定的过程获得；学生忠实于可靠的信息而非某个教授的观点。

讲授人际理论

除非教师、学生和从业者更清晰地意识到自己信奉的人际理论和实际使用的人际理论，除非越来越多的人能够以第 II 型的方式行事，除非他们能够将这种学习与技术理论和使用理论的学习整合起来，否则学校和实践是不可能出现变化的。

就临床经验而言，它的目的是帮助学生跟随第 II 型路线发展人际使用理论。因此它的设计应该：生成可直接观察的行为；使推理得到公开的检验；要求假设得到公开的检验，及减少自我封闭的活动；聚焦双环学习；要求学习者以负责任的方式表达自己的使用理论，而且并不将个人的行为归因于对结构的模仿，而是基于个人原因；要求个人鉴定自己行为的控制变量；要求个人探究其行为对于委托人（个人或群体）立竿见影的影响和长期的影响，对他和委托人之间的关系（开放程度和信任程度）的结果以及对委托人和专业人士的双环学习可能性的影响。

在描述这些第 II 型的要求时，我们需要反复强调：第 II 型并不是第 I 型的对立面。教师放弃自己的责任，学生可以不受挑战和影响地确定自己的目标，这些都不是我们所建议的学习环境。我们也不建议没有评估、没有奖惩的环境。

第 II 型并不是第 I 型的一个温和版本。这并不是说，在第 II 型里，人人都试图变得很温和、文明，而教师依然实施着单边控制，非赢即输仍旧盛行，奖励形式不清晰——例如，直接递给雇主的秘密推荐信。

第 II 型也不可以被解释为第 I 型的变体。在许多特别的学校里，教师和学生在控制者与被控制者之间摇摆。例如，学生可能会鼓励教师设计教育项目，然后单方面地评估看看他们是否会接受。教师可能在他们的班级里设定自己的规则，结果发现学生坚持教师应该修改规则或者罢课进行反抗。

设计第 II 型学习环境是一个非常复杂的任务。迄今为止，我们知之甚少。而且，我们很容易会陷入它的对立面或在第 I 型世界里摇摆。

因为需要的知识和技能非常复杂，我们建议尝试把旨在讲授第II型的研讨班从主要关注技术理论的课程里分离出来（虽然某一天技术理论和人际理论的教育可以更为有机地整合起来）。针对第II型的课程设计代表了课程的一个新维度。我们有时间这么做吗？在检验各种专业学校之时，我们发现专业越是依赖于和委托人的互动，时间就越充裕。例如，神学、教育、商业、城市规划和法律学校拥有在高年级，甚至第 年，就增加这些课程的灵活性。另一方面，医药学校则不可能。这是一个需要探索每个专业和每个学校的研究领域。

另一个提供人际信奉理论和使用理论的途径是，将所有课程都集中到一个部门，这个部门应该让大学所有学院使用。我们小心谨慎地提出这个建议，这是因为它存在将教育中的人际因素和技术因素分离的风险。但是我们相信，如果授课的是来自自己学院以外的有能力的教师，而不是自己学院这方面能力不足的教师的话，学生最终将会学到更多。教育、神学、法律和城市规划等学校的经验显示，如果骨干教师也觉得这样的教师团队提供的是二等教学的话，这些方案将会变得更为孤立。

当然，我们需要面对一些实际问题。首先，专业学校的教师不会一夜之间就发生改变，给予讲授人际理论应有的真正的核心地位。因此，最好的教师可能不会被其吸引。甚至即便拥有好的教师，学校可能也只需要一到两个这样的成员。要在敌对的环境中建立一个桥头堡，或者形成智力激励，以超越将已有的概念转化为特定的专业术语，创造出新的促进这一领域发展的概念，毕竟一到两个成员是一个很小的数字。其次，除非学生必须取得专业许可证书，否则许多学生都不愿意在这些领域接受繁重的教育。甚至在大型的专业学校里，许多学生也不会选择这一类型的教育。最后是成本问题。我们这里描述的教育还处于设计的最初阶段。我们推荐以小型研讨班的方式推进，并让教师积极参与进来。这类教育的投入不菲。

最好的情形似乎是大学创造一个所有专业学校都能使用的学习环境。这可能要求任命几个高级和初级教师组成的团队。然后就可以发展出一个学术研究的环境，并为年轻人提供较高级的职位。

将实践整合到专业教育中

专业能力的两个主要的因素——建构自身实践技术理论的能力，以及将第 II 型模式运用到实践的人际领域的能力——只可能通过实践和对经验的反思获得。我们将使用"临床"（clinical）这个词语称呼这个合成过程。

当然，提出专业人士必须"将知识与有效行动联系起来"或"统一理论和实践"已经有点陈词滥调了，但是是否由专业学校形成这种统一则众说纷纭。

第十章 重新设计专业教育

关于基础理论、实践理论和技巧之间的关系具有三个不同的视角,它们导致了在什么任务适合学校,什么任务适合办公室的问题上尚未达成一致。

一个学派认为,实践理论来自基础理论,没有实践资源也可以检验——比如说,通过更为精细的对真实世界的模拟。例如,城市规划技术理论的发展将依赖于一些基础理论更好的发展,这些基础理论包括城市的发展和转型,制度行为或人力资源的再分配政策。专业学校应该将技术理论建立在更好的基础理论之上,才能发展出足够的实践技术理论。或者在极端情形下,专业学校应该开发更好的基础理论(这将应用到专业实践中去),将更加有效的实践理论留给从业者。这个学派认为,关于实践的教学是核心学术任务的转移;学校应该发展和传授专业实践相关的基础理论,而办公室应该提供获得专业技术的机会。

第二个学派通过不同的方式得出了相同的结论。一些专业人士和教育学者提出,有效的实践包含直觉知识。这就是一种与专业神秘性相连的观点——也是基于所有专业的立场。这类专业人士知道自己知道一些事,知道学生不知道这些事,知道他无法告诉其他人他知道什么,但是知道学生应该知道它。那么怎样才能让他们知道呢?以神秘的方式,也许通过与教师的亲近关系可以得到渗透,就像学徒关系一样。学生可能会发现自己处于莱恩(Laing)所说的"结"(knot)。

有些事我不知道，
这是我应该知道的。
我不知道我不知道的是什么，
但是我却应该知道。
我觉得自己看起来很蠢，
如果我什么都不知道，
不知道我不知道的是什么。
因此，我假装我知道。
这非常伤脑筋，
因为我不知道我必须假装知道什么。
因此我假装什么都知道。

我觉得你知道我应该知道什么，
但是你不能告诉我那是什么，
因为你不知道我不知道什么。

你可能知道我不知道什么，
但是你不知道我不知道它，
而我不能告诉你。
因此你不得不告诉我所有的事情。

第十章 重新设计专业教育

专业神秘性的信徒也相信专业技术中的主要直觉知识必须在实践中习得。

这两个观点可以合并：专业学校负责开发基础理论，这将会走向最好的技术；实践，以神秘的方式，负责传授如何有效地运用理论和技术。

第三个学派认为，专业学校应当教学生如何像专业人士一样思考——例如，像一个律师、城市规划者、医师一样思考。可以理解，学习像专业人士一样思考不同于学习与专业相关的基础理论，也不同于学习专业实践技术。然而，这种思维方式被认为是可以传授的。而传授它是学校的任务，办公室的任务是允许学生运用它来解决专业实践问题。

这三种立场在我们看来都有缺点。基础理论显然与专业实践的关系不大。信息的特定载体很快就会变得过时（例如，城市规划者关于联邦建筑项目的信息，或建筑师关于特定建构方法的信息）。没有牢固掌握实践技术理论，一个人就必须无条件地相信特定基础理论与专业能力之间的关系。例如，规划者应该学习当前流行的、城市背景下的社会分层理论吗？管理者应该学习当前流行的人类动机理论吗？

基础理论与实践能力的相关性是以实践理论作为中介的，因为基础理论对行动的作用只表现在它对实践理论背后假设的影响。但是我们不能只依靠基础理论本身推断出应用理论。例如，工程理论不能仅仅从物理中推导出来，正如大多数工程学校所发现的那样，自工程学成为应用物理开始，物理的原则和方法就可被用来批判工程实践内在理论的假设；同样地，化学工程师需要知道热力学，因为他们实践理论的特定假设与热力学理论原则非常相似。

简而言之，对于给定的实践理论，我们就可以通过基础理论来支持或反对它的假设。在缺乏实践理论的情况下，只有当我们可以理性地确定实践理论的假设是基础假设时，我们才能理性地确定基础理论和专业能力之间的相关性。这个假定对某些专业更为适用。

关于第二种观点，如果不能转换为有效的实践，基础理论及其含义又有何用处呢？获得专业技能显得很神秘，那么它在原则上的神秘是因为什么呢？如果在第一部分呈现的技术观点得到接受——技术是需要复杂信息的行动项目——那么，至少一个维度的技术习得不是神秘的。而且，专业的神秘性一向与专业人士的角色和专业结构的精英想法相关。尝试去除专业神秘性的一个理由（考虑到我们从原则上去除它的能力，至少是部分去除神秘）是它所服务的社会目的存在疑问。

关于第三种观点，我们（在第八章）提出，要学习像专业人士一样思考要求学习建立自己的实践理论，这反过来要求进入实践的情境。在教授学生如何像从业者一样地思考的过程中，实践必须发挥重要作用。

可是，学校不能承担帮助学生获得专业能力的所有功能，至少在没有重构学校和办公室的概念促使它们之间的传统界限消失的情况下。工作经验的种类、持续时间需要提供全面发展专业能力的机会，它们与目前所定义的学校界限和结构不一致。学年的结构、课程所要求学生使用的时间、以学术为导向的院系之间的界限、类似论文的各种要求、学术安全和声望的阶梯都限制了参与实践的程度和时间，而这些参与程度和时间可以促使学生获得全面的专业能力。

模拟（simulation）和实地实践（field practice）都具有优缺点。如果打算使用它们帮助发展这两类能力，就必须使其符合清晰的标准。

模拟非常有用，因为它可以被适当放慢节奏、进行诊断和重复；它提供了在学生控制和教师简单干预下的实践。对于学生，这具有心理安全感；它保护客户不被以教育的名义误用。

模拟的缺点是它是一个游戏，在核心方面与现实的相似性值得质疑。这一缺点可以通过设计和计时加以缓解。当学生实践了大多数技术，已经准备好在一个没有设计过的环境中使用它们时，模拟可能不如实地经验那么有效。另一方面，模拟对于有经验的从业者更加有用，他会希望检验有些行为为什么只是偶尔有效，或希望学习新的概念和技术。

实地经验——来自真实世界而非模拟实践的经验——是专业教育圈的常用方法。长期以来，法律学校一直使用案例和模拟法庭的方法。而在过去5年，新的努力方向是让学生进入真实的实践。从某种意义上而言，这些试验的主动性来自学生自己，实践工作采取为社会弱势群体提供法律支持项目的形式加以开展。在动机和内容方面，这些与建筑和规划学的学生参与各种各样的倡议相似。这些努力或多或少都是非正式的，或者边缘性的。

有的学校采取了更极端的做法让实地研究成为专业教育的核心，例如在纽约州立大学布法罗环境设计学院。甚至在熟悉专业教育实践经验的专业学校——商学院，以案例方法著称，还有医学院，如术语"临床"就是沿用自此——我们仍需要付出努力重新思考和实验。

所有这些活动都提出了一系列的操作问题，如管理要求、学分、监督部门、学术课程工作、学生选择、学生责任的确定、教师的参与度等方面均存在问题。而且，这些严重的问题反映了实地经验和学院文化之间的格格不入。

实地活动要求的正式结构与学期、课程和院系的结构不相符。教师倾向于反对将实地活动纳入课程，或在某种程度上，不重视学术学习以外的实地活动，就好像后者并不存在一样。

教师和学生参与实地活动的动机不同，他们对自己参与的满意程度也不一样。对于某些人，实地参与提供了透视真实世界工作本质的机会，因此可以用来确认或改变学生的职业期望。对于另一些人来说，实地工作可以为弱势群体服务；根据他们的经验，学生和教师对他们能在什么程度上提供帮助具有不同的满意度和挫折感。

在教育中，实地工作的意义并不明晰。许多学生只是体会到自己的无能，以及在实地工作比想象的困难得多，因此以失败告终。他们可能会以不可思议的精力攻击课程安排，或者他们可能会表现出困惑，因为课程并没有提供他们在实地工作中所习得的知识技能。通常情况下，当学生感到自己学到了重要的东西，他们也无法表达出来。

在我们看来，实地经验不应该简单地被设计成为学生提供真实世界的工作经验。获得这种经验固然很重要，但这是远远不够的。学校要为学生提供更多，否则，学生就会发现自己付学费，换来的却是不需要教授的内容。而且，如果他参加工作的话，说不定还可以一边学习一边拿工资。

此外，真实世界的经验可能会增加习得第I型模式、自我封闭和人际技巧的可能性。在这些压力下，学生可能会将第I型模式视为成功的道路，视为实现他梦想的道路——某一天，在他获得经济上的成功，获得他想要的员工队伍，或他发现了对规划城市感兴趣的委托人时，他才可能会学到其他的内容。

实地经验的目标，和所有临床经验的目标一样，使学习在真实环境中变得更具反思性，以便创建和检验特别有效的行动理论。

临床经验的目标是帮助学生学习建构自己的实践理论。如表 10-1 所示，实践的真实情境或模拟环境由于所需功能不同而具有不同的特点。

表 10-1　实践的真实情境或模拟环境的不同

功能	实践环境
填补空隙、转化、内化。任务是帮助学生将预先设计好的运用理论与具体的实践情形联系起来。这意味着（1）学习填补理论和实践之间的信息空隙，（2）学习将言语学习转化为信息通过人际互动传递的情形，（3）学习内化复杂的项目，以便这些项目能够更顺畅、更有效地执行。学生回忆和应用存储的行动理论的简易性让他能够更加自由地执行所需的理论建构。	因为这些功能使用现存的应用理论，处理实践环境的先决条件是学生知道这个理论。此外，理论限制了这种情形：它们必须是理论所对应的具体情形。实践可能通过一系列小的接触事件出现，每个事件都对应用、检验、转化或内化理论碎片提供了机遇（医学生与病人的几轮接触是典型）。理想状态下，这些小的实践碎片也是可以重复的，这允许学生不停地经历这一版本。与这些经历相联结的教学或者监管将会以模拟所要做的任务、建构任务序列和批判性回应的形式出现。
理论建构：诊断	具备一些预先存在的技能——观察、聆听、进入新的情形。实践经验包括，为了描述和诊断任务，融入实践的组织、机构、系统和文化。风险和压力较低。持续时间不应该长于融入文化所需要的时间。

	经验应该在不同组织、机构和情形中可重复，以便产生对不同文化中的不同观点的理解。 监管包括：听取学生的报告；询问他可能没有注意到的系统维度；模拟对他的人类学角色非常重要的聆听、观察和采访等内容；鼓励他表达他对所观察到的现象的困惑；鼓励他建构一个针对困惑现象的解释性理论。
理论建构：检验	前提是熟悉有效推理的模式和检验假设的技巧。这需要足够的持续时间、范围和行动自由，以便允许对行动理论进行发展和检验。 参与的范围可能大相径庭，这取决于检验理论的范围和测试的范围。它可以是一对一的介入，也可以是制度改革的长期效果，只要它允许理论建构，并包含为检验理论、实施介入和诠释结果而设计的介入。 监管包括：帮助建构这些步骤，帮助学生全方位思考，帮助他识别适合每个步骤的标准（以及识别这些标准为什么不同于实验室的实验标准）。
理论建构：个人因果关系	前提是有足够的能力让学生对任务环境做出反应，以及学生的能力与任务环境的要求相差无几。实践的情形应当根据客户的情境设置结构、持续时间、情形和条件。

> 相似地，应该由客户选择学生，并由学生与客户协商自己的合同。任务的特征是高风险、压力、截止时间和责任并存。
>
> 监管包括帮助学生识别和挑战对其的承诺要求，以及注意发生在他身上的事情，包括要求建构行动理论、挑战敌对评判、承认失败的情形。监管应该鼓励学生将情形看成与他自己价值和观点相关的事物，并鼓励他去清晰地理解它们。

在实践的一个单独情形中，可能出现功能交叠的状况。这里列出的几个功能可以通过模拟或实地经验实现。但是，最后一个功能——与承诺和个人因果关系相联系的学习——最好通过实地经验获得，因为它具有真实的问题、现实的客户、高风险的情境、时限和对表现和责任的要求。另一方面，实地经验难以放慢速度，很难让其在关键部分进行重复，而且也很难监督。

不管设计实践的环境怎样，实践必须是专业教育的中心，而非边缘活动。专业教育的不同功能必须整合学生参与的临床经验。

专业学校的临床经验时常处于边缘地位，这表现在临床教师常常是没有终身职位、学术地位低和经常辞职的兼职年轻教师。

有效临床教育的第一个要求是要有全职监督的教师队伍，

这支队伍要包括学校的高级人员。这些教师应该开放地探究他们的技术和人际使用理论。理想状态下，他们应该将自己的学术研究任务视为发展新的使用理论和基础理论，从理论中提取新的临床经验，以及检验它们并确保它们的有效性。

把兼职和成功的从业者纳入这个模型要有适当的方法，这个方法对从业者、学生和学校均有利。这个策略是寻找那些希望有能力反思自己的行为，提升自己的能力，以便创造自己的有效实践理论的从业者。让我们看看，几个学校的主管希望能更清楚地意识到与他们工作相关的使用理论。在本书第二部分中描述的研讨班可以设计成由六个学校主管和六个学生组成的模式。从业者和学生互为资源。当小组开始实地活动时，学生能够成为主管人员行为的观察者——在早期阶段，和教师一起——分析他们行为的有效性，并设计可替代的行为。

在这个过程中，主管安排学生面对真实的客户和真实的任务。主管可以观察他们各自的学生，看看他们在真实情形中的行为有效性。但是为什么繁忙的主管愿意花时间观察学生的行动呢？这里至少有三个理由：（1）主管将会提高自己的观察和诊断技巧，他可以用此技巧观察自己的行为，也可以作为观察者帮助自己的同事。此外，学生和教师可以帮助学校主管检测他们帮助他人的有效性。（2）在某种意义上，教师出现在这些研讨会中，学校主管可以通过比其他手段更低的成本得到建议。

（3）最后，主管可能会感受到对既是观察者，又是顾问的学生的某种责任。

这些理由暗示了学校和从业者之间的契约。后者必须确保有能力的教师既对自己的学习负责，也要为学生的学习负责。这意味着教师群体必须有时间实地观察主管。这些观察将会成为帮助主管的基础和检测学生观察技术有效性的工具。

此外，当学生评论主管行为或主管评论学生行为时，教师需要在场。正如第二部分所说的，创造第II型学习情形的技能很难习得，也很少有学生或从业者具备这些技能。结果是，必须要有能力强的教师。

如果能获得这些教师的帮助，学校应该能更加容易地提出关于学习经验的质量要求。而学习经验正是主管能够为学生设计的。

另外，无论是模拟，还是实地活动，如果教师对研究这些学习过程不感兴趣，那么他们的内在承诺都不会很高。

临床经验必须整合到课程当中，这不仅仅是为了提高临床经验的质量，也是为了其余课程的利益。在第九章，我们讨论了信奉理论和使用理论之间的区别，而这与技术理论有关；我们描述了为什么确定信奉理论和使用理论之间的不一致很重要。只有在临床经验中，这些不一致才容易显现，因为只有在这里信奉理论才最有可能受到实践的挑战。如果这些不一致在独立课程中或临床状态下出现，专业学校就失去了一个重大的机会。这些不一致最好是在独立的技术领域中由指导者识别，因为他们熟知本领域的知识历史和发展状况。而且，帮助教师从第I型技术倾向于创造和保持的思维定式中脱离出来的一种方法就是，让他们关注他们所教授的内容和实践之间的差距。

实践只有在与理论联结时才能被最好地阐述，教师在与专业相关的理论建构中是最有能力的。把实践理论的创造留给繁忙的从业者，他们通常憎恶显性的理论建构，这会让实践教育在最好的情况下成为全面的推理程序，在最糟的情况下变成战争的故事。

最后，只在边缘的临床课程中处理信奉理论和使用理论之间的不一致。允许临床课程从学校的主流知识活动中脱离出来。那些在心理上和行政上已经将临床课程从核心课程中剥离出来的教师，愿意对学生和临床教师降低学术、教学和研究标准。

例如，学校教育的临床实践通常意味着让学生进入实地情境，观察行动中的从业者，或从事从业者要求学生从事的任务。如果是前者，学生可进行详细而全面的记录，但是没有与繁忙的从业者讨论的机会。如果是后者，学生立刻会变得很忙，因而没有时间反思自己的行为。他会被从业者模式所折磨，因为他开始工作、努力工作、完成工作，这些成就会为他获得喝彩，而不是反思自己的行为并发展自己的使用理论。这些较低的知识标准经常不会被临床教师所质疑，其中大部分教师从从业者的角色中撤出来进行自我充电或弥补不足，他们并没有对技术和人际的信奉理论与使用理论进行过公开的反思。

核心的学术团体可能会看到这些结果，确信将临床课程从核心知识课程中分离出来是一个明智的决定。他们可能既看不到自己所创造的自我实现的预言，也看不到将概念技术应用到实践理论发展中的兴奋感。实践倾向于脱离理论不是因为它简单，而是因为它太难理解。

最近，专业学校的优秀研究生正尝试使他们的教育更为切题。他们的教师主管，或出于担忧或出于困惑，允许学生为贫穷、处境不利、有困难的人服务。我们所知道的，学生最终没有因为挫折而撤出项目的案例非常鲜见。一小部分坚守的人开始看到让专业教育与专业实践更相关的内在智力挑战。一些学生继续自己的研究生学习，在各自的专业学校中成为教师。他们建立一个重要的桥头堡——他们正在帮助他们的长辈学习专业中存在的不一致和矛盾。这些人员需要帮助完成这些任务，并研究可以让信奉的技术理论受使用理论挑战的课程。这样一来，才能帮助学生发展他们自己的复合型实践理论。

这些课程将会要求教师有能力将他们领域中的矛盾和不一致呈现出来；要求教师有强烈的自信和自尊，以意识到他们所教授的内容和有效实践之间的区别；要求教师坚定地欢迎对其教学的挑战；要求教师能敏感地询问他们教学和实践中的不一致；最后，要求教师有能力面对这些不一致背后的价值观矛盾。

致　谢

我们要感谢很多同事和学生的批评和耐心帮助，这对我们最终形成我们的观点意义极大。我们尤其要感谢李·博尔曼（Lee Bolman）、史蒂文·艾尔曼（Steven Ehrmann）和威廉·托伯特（William Torbert）。我们同样还要感谢凯瑟琳·希尔德布兰德（Kathryn Hildebrand）和理查德·约德（Richard Yoder）的编辑。

克里斯·阿吉里斯

唐纳德·A. 舍恩

美国马萨诸塞州剑桥

注　释

第一章

1. 正如我们可以说一个理论仅仅因为它是理论，不论什么科目，好的理论都会有标准。普遍性标准适用于个体与组织的理论，同样也适用于星球、潮汐和原子。

任何宣称为理论的事物都必须具备普遍性——它必须适用于多个例子；虽然它可能指向个人，但它必须允许在同类人身上实现相似的归因。理论是关于一类现象的，而非独特的、个别的现象。

一个好的理论必须与主体相关；如果它是关于 X 的，那么关于 X 的声明必须能够从其推导出来。

它应该是一致的。简单地说，它不应该自我矛盾。它不能在一个地方说所有的马都是白的，而跑到另一个地方说它们不都是白的。它也不能做出与理论中其他的陈述相矛盾的陈述。

一个理论应该是完整的。它应该包括一整套完整的命题，用来解释需要解释的内容。如果 Y 可以从 X 推导出来，那么 X 中需要解释 Y 的成分就不应该是隐藏或无法陈述的。但是，对于完整性的要求是永远无法很严格地达到的。我们关于世界的理论假设是多元的——也许是不可数的——在任何给定的时间里，对我们来说只是部分适用。新一代理论经常开始于发现旧理论存在没有陈述的假设。那么，更精确地说，好的理论应以完整性为目标。

理论应该是可以检验的。它应该可以正视理论被发现是错误的情形。如果理论做不到这一点，那么理论是否适用于现实世界就存有疑问。它的可测性是它意义的一个标志。为了让一个理论能够被检验，人们必须能够从它的前提中进行推论，推论结果可能是成功或不成功的。

理论包含了不同中心程度的命题。命题越是处于中心，其他命题就越依赖于它；命题越偏向外围，如果它改变的话，理论改变的可能性也小。几何公理比特定的定理更处于中心，而一些定理比另外一些定理更处于中心。在一个好的理论当中，相关的中心命题是很清晰的。我们可以发现其他命题所依赖的根基的扎实性，理解当一个特定命题发生改变时，会出现什么样的变化。

理论受限于两个相关的必要性：考虑完全的复杂性和具体性，并以尽可能最简单的方式完成。考虑到它的主题，理论应该达到最大限度的全面与具体；它应该以最具体的程度考虑到现象的全部范围，以此缩小理论和其现实应用之间的距离。做到这一点，它还应该以最少的概念和最简单的概念关系加以表述。这最后的要求——除必要外，不要增加其他的内容——一般认为是由奥卡姆主教（Bishop of Occam）提出的。

2. 我们相信，这里所说的想法实质上与冯·赖特（von Wright）的想法一致。冯·赖特提出的实践推论模式与我们所说的应用理论的模式非常相似。他说："X 想要证明 E 是正确的。他认为，除非他现在做 A 这件事，否则他将不可能达到目标。因此，X 现在做 A，除非他被阻止或不能完成自己的行为。"

他评论了实践推论模式的特定解释功能："作者主张，作为一个解释的模式,实践推论模式在人文和社会科学的地位与演绎自然定律模式('覆盖律模型')在自然科学中的地位相似。因为模式拥有不同的逻辑类型,因此在自然科学和人类科学的解释方面也会出现差异。"

冯·赖特也区分了实践推论模式对回顾与展望的使用。回顾:"我们从结论开始,重设前提来满足它……我们解释他的行为,将他的行动放置于'目的论的角度'之下,以及情形所需要的知识态度,也就是他自己对为达到这个目的所需要的实践的判断。"(第49页)展望:"我们从前提出发,从中'提取'结论。在第一人称性情况下,争论结束于决定做某件特定的事情。在第三人称性情况下,角度论证产生了前提。因为这是当事人的目的,他肯定会认为做 A 能达到目标,他(可能)就会做 A。"

冯·赖特因此形成了一个实践推论模式,它很像我们的应用理论模式,并将这个模式看成行为规范(对目的或承诺的声明),因为当归因到当事人时,当事人也是解释性或预测性的。而且,他还指出他的模式是基于人类科学的解释模式,与自然科学覆盖律模型的重要性相当。在我们的语言中,行为使用理论的研究是研究精细的人类行为的一个主要部分。

3. 亚伯拉罕·卡普兰(Abraham Kaplan)在《探究行为》一书中提出,行动的信奉理论和使用理论在信奉逻辑和使用逻辑之间构成了不同的分析方法。

4. 这里提出的观点非常简单。特别是,情形或实践的行动理论采取了复杂的"树状"形式,每一个树枝采取了应用理论的模式。在 S 情形下,如果想要得到 C 结果,在 $a_1 \cdots a_n$ 的前提下,就要采取 A 行动。如果 A 的结果是 C_1,考虑选择 A_1、A_2 和 A_3;如果结果是 C_2,考虑选择 A_4……

威廉·施瓦茨、A. 格瑞等人（Williams Schwartz, A. Gory）试图形成这种明确的应用理论代表有能力的医疗实践，特别是在诊断、检测和治疗的特定情形。关于有能力的实践原则是否可以被简化成为这种形式仍具有争议。实践应用理论的形式和内容到底是什么也具有争议。例如，在特定的实践情形下，是否只有一种使用理论能说清楚有能力的实践的意义，还是存在很多的可能性？为了真实地反思什么是专业中的信奉理论，在形成特定的应用理论时，要讲清楚多少行动的选择以及它们的结果是什么。像这样的问题，我们将在第三部分再次涉及。

重要的是，说明专业实践的基础理论的含义是什么，以及将它与我们所说的实践应用理论加以区分。我们将基础理论称为解释理论，又或者是实践应用理论中现象的预言理论。针对性是由实践应用理论的假设媒介所决定的。因此，医药学的生物化学理论，管理学的人类动机理论，城市规划学的公司地域理论，这些全与基础理论相关，因为它们与这些专业实践的应用理论的正确或错误的关键假设有关。应用理论应该在某种意义上被视为基础理论的使用，它的制定代表了基础理论中形成的原则实例。当医生根据一种行动理论行动，需要对受病毒感染的病人注射抗生素时，他的行动及其结果反映了抗生素对感染起作用的基础理论实例。行动理论的正义性源于这个事实，它必须扮演行动理论模式的假设角色。但是应用理论无须来自基础理论，也就是说，在出现的顺序上，应用理论可能不是从基础理论中推导出来的。相反，应用理论（无论是如何达到的）可能会率先出现，为了解释某个有效的行为才产生了基础理论。在这个意义上，专业实践的应用理论和基础理论之间的关系类似于技术和物理科学之间的关系。

我们在这部分提出的用来描述行为的理论框架与安格亚（Angyal）在其《人格科学的基础》一书中提出的观点有很多相似之处。安格亚尝试从内在理解精细的人类行为，而正如我们所做的那样，即通过对行为者观察来联系和检测行为的态度和公理结构。"如果我们追溯态度之间的关系，并从实际的案例出发，我们就可以得到更为广泛的态度。如果对一个人的大量行为进行类似的分析，所得到的总体态度是非常有限的。这些有限的态度似乎是毫无疑问并自明的。这些行为公理是一个人的特色，形成了他生活哲学的基础。每个人的态度可以追溯到更为普遍的态度，最终引出特定的行为公理。在这个意义上，可以说每个人都具有自己的生活哲学……然而，个人行为公理既不需要形成完备的知识系统，也不需要形成自我一致的系统……一个人可能不知道这些公理，但会根据它们行动。它们可能在认知的层面上形成了一套公理，在这样的情况下，我们可能称之为个人行为准则。"

安格亚的行为公理似乎跟我们的原则相似，而他的生活哲学与我们的使用理论模式相对应。他对公理和准则的区分对应于我们对使用理论和信奉理论的区别。

5. 波兰尼（Polanyi）将隐性知识定义为包含两个术语的知识，而我们"'知道'的第一个仅仅是依赖于我们意识到它能处理第二个术语"。

波兰尼以一个实验为例。在实验中，实验对象会因为避免电击惩罚而学会不去按特定顺序说出某些词语。波兰尼说："我会说……我们注意到，从基础的运动（肌肉反应）到有目的地完成任务，我们都不能将这些基础行为具体化。"

之后，在另外的一个情形下，他说："一个相互联系的系统的隐性知识依赖于我们对相关实体特定细节的意识……如果我们将注意力转移到这些细节上，这个细节的功能就会被取代，我们将会对我们关注的实体视而不见。"

这接近于波兰尼对隐性知识的定义，但是他的定义并没有完全说明他的案例。它主要是关于一些处于边缘的隐性知识的特点。

根据波兰尼的定义，我们隐性地知道 x 是因为如果我们显性地了解它——关注它的细节——我们将会失去对所关注实体的相关性意识。

我们对实体细节的意识与将实体视为整体的意识的关系是真实存在的。而这却忽视了隐性知识之间的不同。在有些知识中，我们可以通过将注意力放在 x 的细节上详细说明这些细节；而在另一些知识中却做不到这一点。前者可以是我们对一个熟悉面庞的意识，或者对包含物理技巧的运动的意识。但是在我们隐性知识的案例中，案例的问题是那些无法解决和我们还没有发现暗示的问题，因此我们无法说明那些我们隐性了解的知识。这不是说如果具体说明，我们就会丢失对 x 整体的意识；而是我们暂时还没有学会将 x 的细节具体化，并形成它与另外一种隐性知识的关系。实际上，我们对 x 的隐性知识是我们对 x 显性了解的一个阶段。正如波兰尼在另一种情况下所言，前者将引导我们对后者进行探究。

然而波兰尼也没有解释对我们无法说明的细节关系的隐性意识意味着什么。他也没有解释包含在我们的操作行为之间的，那些我们不能解释或还没有发现暗示的知识。

其他人也批评波兰尼的隐性知识，并从其他角度进行阐述。韦默（Weimer）为波兰尼提出了不同的理由："我相信波兰尼没有看到柏拉图在回忆说中提出的一个基本问题……我认为，柏拉图在《美诺篇》中清晰地提出了行为生产力的异常。他的基本想法是我们知道的和我们所做的比实践给予我们的先前经验更多。只是偶尔我们能做不能用言语表达的事情……（波兰尼的版本）不能解释没有学习历史的知识……"

因此，隐性知识的问题成为乔姆斯基（Chomsky）及其追随者的主要问题。他宣称我们不仅隐性地知道我们不能详细说明的内容，而且具有天生特质的知识——知识是学习经验的一种条件，而非结果。

6. 那些将隐性知识定义为语言语法原则的人——见格雷夫斯、卡茨、西山、索姆斯、斯特克和托维（Graves，Katz，Nishiyama，Soames，Stecker and Tovey）的论文——也将乔姆斯基的先天语言知识原则考虑在内。为了解释语言表达者不能表达的天生知识，这些作者需要隐性知识的概念。

我们不能假设使用理论原则的天生知识。我们对隐性知识概念的使用是为了更灵活地解决上述所说的存在、推论和学习问题。

7. 这里介绍的概念主要是指集体功能理论的内在平衡——正如坎农（Cannon）在《身体的智慧》（*The Wisdom of the Body*）中所说。说任何行为处于内在平衡当中，就是说它试图维持控制变量的变化在可接受的范围内。内在平衡需要：（1）价值超出强度范围的特定变量；（2）能够觉察这些变量变动的感官；（3）连接这些变量价值与行动关系的反馈回路；（4）可以积极或消极影响变量价值的行为；（5）设定可以接受的价值变量范围的方法；（6）设计可以把变量维持在可接受范围内的行为方法。

内在平衡系统可以简单到蒸汽机和其控制器，也可以复杂到调节恒温动物体温的生理机制和维持工业过程控制的人造系统。

8. 兴趣变量不仅仅具有这里所提出的前景和背景关系，而且具有亚伯拉罕·马斯洛（Abraham Maslow）在他需要层次里所提到的关系——那就是，当一些变量被引入范围内时，另一些变量可以从背景进入前景。但是由于同样的理由，这些变量超出它们可接受的范围，一些变量优先级要比另一些高。

9. 上述所有当然都是独立的理论。它的事实不依赖于所描述的意识，而是依赖于理论的准确性，即对人类一致性行为的真实描述。

我们不知道是否有人尝试过建立围绕一致性的、全面的价值理论。当然，哈利·斯塔克·沙利文（Harry Stack Sullivan）在他描述自我系统及其维系上使用了这些概念。

10. 在他富有创造力的著作中，西蒙（Simon）介绍了人造的特殊性。"论点是特定现象在某种特殊意义上是'人造的'：它们之所以会这样，是因为由目标和目的所塑造的系统适应于它生存的环境……人造现象在延展环境中具有一致性。"

正是这种人造物的一致性——根据目的由人创造而成——让西蒙提出了对人造科学感兴趣的问题："真正的问题是如何在不同的环境中创造不同系统的经验性假设。"

按照西蒙的观点，组织是人造的。同样是人造的还有经济系统、人类的理性行为、思考、解决问题和学习；这些系统的科学都是人造的科学。工程、医药、商业、建筑和绘画也具有相关性，这种相关性"不是和必要性挂钩，而是跟一致性有联系——不是跟事物是怎样，而是跟事物可能是怎样有关——简而言之，跟设计相关。创造科学或设计科学的可能性与创造人造科学的可能性是一模一样的"。

这种被设计的特征因此代表了根据某种目的的适应过程，这种过程是人造概念的核心。对于西蒙来说，人造物"处于内部和外部环境之间的界面上。通过将前者适应于后者，它关注的是要达成的目的"。

内部环境 > 人造物 < 外部环境

人造物的设计代表了将内部环境的自然法则塑造成任务环境所要求的。一个范式就是计算机。由机器的原材料和部件构成的内部环境，被适用于任务环境，执行必须执行的功能（例如，计算）。西蒙的双重前

注 释

提是内部环境限制了人造物的设计——它对任务环境的适应。但是，受到这些限制的制约，设计的系统正在形成任务环境。人造系统显然存在的复杂性可以这么理解：内部环境的操作性限制是由于系统为了适应外部环境的复杂性。西蒙就是这样看待人类行为的。

西蒙跟我们的探究视角相同，因为他将所有精细或理性的行为视为设计的产物——人造物。"每个人的设计行为进程旨在改变现存的环境，使之成为最优的环境。制造物质人造物的智力活动，基本上与为公司设计新的销售计划或为国家制定社会福利政策没有区别。设计是所有专业训练的核心：区分专业和科学是主要工作。"因此，人造科学是设计专业教育的重要角色。

西蒙将人类的理性（人类的思考、问题解决、学习）看成设计的过程。他也将它本身视为一个人造物——它是独立的人造科学物体。他的书尝试着提出设计的元素。

我们与西蒙的人造概念存在一个重大的区别。西蒙将人类行为和行为世界（例如组织）视为人造物。因此，他将行为设计的问题视为设计能够将内部环境适应任务环境需要的人造行为。但是，他没有做的——至少在他1969年出版的著作中未提到的——是将外部任务环境考虑为人类行为的人造物。

在我们的角度，行动（作为人造物）也具有创造行动任务环境所属的行为世界的意义。理论或行动发展中的设计问题不仅仅是使内部环境适应于外部任务环境的需要，而且通过这么做创造一个更优的任务环境，以为未来的适应提出要求。

为了更好地区别，在西蒙必要的逻辑范式中，他将优化问题视为在限制（内部环境的特点）中寻找途径，以适应固定的参数（外部环境的特点）。（与我们应用理论相平行的模式——行为、结果和假设——是值得注意的。）在我们看来，优化问题一直是一个双重问题，它包括：

（1）寻找方法使内部环境的限制适应于外部环境的固定参数；（2）在给定外部环境的第二层要求下，寻找行为途径以满足第二层要求。行为设计的每个问题都是这两个意义上的问题。

行为是人造物的真实性与整个人造世界的真实性是一样的，而这个人造世界就是技术。在技术设计中，一个反复出现的困境是，特定技术影响任务环境的倾向，以改变技术设计要达到的需求。最常见的例子是新的运输系统，它转变了原来系统设定的出发地—目的地模式。因此，出现了对自我改变或自我适应技术系统的兴趣。

11. 我们将会在第二章检查这个事实的启示，看看好的行动理论的意义和可测性。然而，现在，我们将会深入探究使用理论和行为世界的互相决定性关系。

贝特森（Bateson）在他的名著《纳文人》中描述了一个主要的互动形式。通过这个形式，使用理论和行动世界互相创造了对方。他的关注点是一种特定的累积性行为，他称之为分裂起源（schizmogenesis）。在互补的分裂起源中，个人的行为为其他人创造出补充行为。男性一家之主的主导性行为给家庭其他人员创造出从属的行为，而且他们的从属行为又会加强领导者的主导性行为。整个过程将会不断发展（更多主导、更多从属），除非被其他因素所限制。在对称的分裂起源中，一个人的行为为其他人创造出对称，而非互补的行为。对称性分裂起源的一个原型是竞争。在互补性和对称性分裂起源的系统中，x 的行为会促进 y 的互补或对称行为，y 的行为也会同样作用于 x。

接着贝特森的思路，我们补充道，x 对 y 的使用理论可以让 y 采取行为，正如 x 的理论会让 x 相信 y 会这样行动。而 y 对 x 的使用理论也会让 x 这么做。因此，x 的使用理论可以创造出 y 的确定性行为，而 y 的使用理论会导致 x 的确定性行为。因此，他们的使用理论会变得自我

注　释

封闭。

对于这些关系，莱恩介绍了一个更为精细的图景，指出了所有的互动范畴。其中，不仅仅只是存在 x 和 y，以及他们各自的行为。它包括 x、x 对自己的看法（x→x）、x 对 y 的看法（x→y）；同样地，还存在 y、y 对自己的看法（y→y）、y 对 x 的看法（y→x）。还有 x 对他与 y 所处环境的看法（x→s），y 对他与 x 所处环境的看法（y→s）；x 对自己 a 行为的看法（x→a）和 y 对此行为的看法（y→a）。此外还存在 x 对 y 看待 x 的看法（x→[y→x]）等。

在任何给定的情况下，x 的行为依赖于 x 对自己的看法、对 y 的看法、对 y 看待 x 的看法，以及双方所处环境 s 的看法。所有这些都会决定 x 的 a 行为。不过，a 也可能帮助决定这些事情。此外，莱恩还尽力指出，x 对 x 的看法、对 y 的看法、对 y 看待 x 的看法可能与 y 对这些事情的看法大相径庭。双方之间的互动需要对自己、他人、行为和环境的互动加以理解。在其使用理论中，一个人自己的行为不仅具有自己所认为的意义，而且具有其他人在其使用理论的影响下给出的意义。一个人对行为世界的影响必须是相互（互补或对称）解释的一个功能。

任何人际、组织或国际关系中的学生将会认识到这些互动的复杂性一点都不学术。

第二章

1. 我们可能选择掉出两个不一致的价值观。但是，记住我们之前对一致性的讨论，在一个给定的使用理论中存在大量变量使价值不超出预想的范围。在这些子集中，一致性或不一致性的关系才能存在。

2. 不是所有的控制变量都需要这样行为。对于一些变量来说，也许取得成功不存在问题。要么获得，要么无法获得；就两个选择。或许正义或真理可以成为这些变量。在给定的行为情境中，两个变量相互作用，它们可能会表现出内部的不一致。考虑到行为情境，获取这两个价值的命令就像是逻辑矛盾一样。

3. 在非实验室的情形下，实验的概念不会被严格地使用。例如，将严格的控制制度化通常是不可能的。但是，可以是近似实验室条件。我们将在第三部分回到这个问题上。

4. 我们将在第二部分谈论到使用理论的可测性对它们的长期有效性而言非常重要，因为长期的有效性取决于双环学习。没有检测性就没有学习。

如果对双环学习没有要求，这个论点就会失败。但是我们将深入讨论，进一步改变的环境——稳定状态的遗失——使可测性和双环学习成为使用理论的重要特征。否则，主导者不能提早发现改变，这就会影响他的有效性；当这样的改变发生时，他不能以与失败理论不同的方法发现它。

5. 困境的概念及其在突如其来的价值转变中所扮演的角色都不是新颖的。例如，罗克奇（Rokeach）提出："最大的成功应该通过将系统最中心的元素引入不一致的关系中……因此需要特别关注两个或更多个终端价值的不一致性……因为这些终端价值扎根于最中心的结构，并与系统的其他部分有很多联系，我们认为暗示这些价值的不一致性会出现情感上的烦躁……缓慢消散，被长时间记忆……导致价值系统的余下部分发生系统性转变，导致态度的系统性转变，并最终累积成行为上的改变。"

注　释

第七章

1.有趣的是，在最近两次由组织总裁和专业研究生组成的研讨班上，威胁问题并没有出现。每个小组都报告说，他们期望能够挑战拥有高能力的指导者。这些经验再次证实了我们最近开展的研究，我们发现对于具有 T 小组（训练小组）或随机治疗小组经历的学生而言，智力水平可能具有更大的威胁性（对这个案例中的学生而言是真实的）。

2.我们刚才探究的学习过程的描述是原始的，最多也只是暗示性的。我们希望能做得足够多让他人加入这个迫切需要的研究中。

我们研究的一个动力是寻找可以加速学习的新过程。例如，从本书首次出版以来，已经发展出了新的任务，可以加速对个人信奉理论和使用理论的诊断。一个这样的任务是让个人根据第 I 型和第 II 型分析他们的案例。每个人都可以自己完成这个任务。我们已经发现，如果在小组其他成员开始阅读他们的案例之前，每个人对自己第 I 型行为的程度进行诊断，之后他们在小组讨论时就能够减少防御性，更愿意接受建议探索第 II 型行为。对他人和指导者的依赖程度以及竞争性也大大地减少了。成员会感到内心的力量，并希望自己可以意识到先前小组给他提出的盲点。经历在认知地图的帮助下，通过自己的能力重新发现自己的各个方面，这不仅可以提升参与者体验新行为的准备能力，而且会明显提升他们在离开研讨班之后对自己持续学习能力的信心。

这就引出了我们研究的另一个阶段。我们探究学习的经验，在现实生活中，个人可以用来在日常工作时间中进行学习。重要的困难之一是帮助我们的参与者持续学习，在这个持续学习的世界中，除了学习任务是重要的之外，许多人都不理解第 I 型和第 II 型，也不去寻求理解它们；即使他们去理解的话，也不想要这样的学习，并指出许多支持他们观点的组织和文化安排。

一个小组的参与者由中型企业的总裁组成。除了他们对学习如何提升有效性存在真正的兴趣之外，选择这些人还有几个理由。如果学习是有效的，这些人有能力为他们组织的其他人创造学习的机会；他们也可以鼓励探究第 II 型行为生存和传播所需的新型组织结构和过程。

在另一方面，参与者的小组代表了一类人：他们非常繁忙、疲于工作；他们对第 I 型的忠诚度如此高，甚至可以直接把他们说成是第 I 型。因此，这个小组成了很难处理的样本。不过，如果坚持学习的话，不仅可以增加其他人学习的机会，而且还可以为系统的转变与重构提供探索的机会。

进步过程是具有鼓励性的。人们依然致力于研讨班之外的学习，以便他们可以在日常工作条件下使用第 II 型，并在低到中等压力的条件下维持这种行为。人们所经历的这一类学习经验将其他经验的学习转变现象降到最低，并帮助人们对"多长时间能变得有效"这个问题产生更为现实的期待。尽管存在困难，但这个现实的期待反过来维持了高度的承诺，并减少了对下属的指责（没有用处的指责），以及推动下属进入有效的研讨班。例如，他们说，在应用中的关键问题之一是学习总裁如何寻求帮助，如何将副总裁看成学习的资源，同时支持他们相信的角色，以及如何与下属一起完成目标，而下属即使不能说不信任，但也常常会猜疑总裁转变自己行为的愿望。正如一名总裁所说的那样："这个过程非常缓慢困难，但是也非常有趣。"

当总裁的学习取得很大的进步时，情况开始转变。一些副总裁也开始要求进入学习环境，一些人开始更富创造性地思考组织结构的重新设计、问题解决程序、信息系统管理和奖惩过程。

此外，所有总裁都尝试在自己的家庭生活中使用学习的知识，却发现一些最大的拒绝行为来自他们最爱的人，而之前长期以来他们正是以第 I 型处理这些问题的。明显的是，他们对此并没有感到恼怒或失望。他们开始理解不信任，甚至是来自家庭成员的不信任。迄今为止，这样的反馈引导着总裁们努力改变自己的使用理论，发展更为有效的行为。

第八章

1. 将这个梗概与认真追溯一个特定专业和专业教育相比颇为有趣。伍德沃德（Woodward）优雅却颇具挑衅的专题著作为目前法学教育中的不安提供了一些历史学家的角度："许多学生和教师之间存在不安的情绪……我们应该教什么？怎么教？为了什么目的？利用我们的新知识，我们——正如安德烈·布勒东（André Breton）所观察到的那样——正'迷失在指示牌的森林中'。"

伍德沃德从法律的宗教起源这一概念开始："在早期，法律跟宗教本身一样几乎是神秘的，当然也是仪式众多……法律的实践本身就是神圣的……在1833年，约瑟夫·施特瑞（Joseph Story）在哈佛大学就任教授时的演说中指出……'基督教就是法律的一部分，在其中它寻求处罚的权利'。"

根据伍德沃德所言，法律的世俗化包括三个倾向："理性的增长、科学观点的发展和新技术的发明。"

理性主义"……让法律回到人间，但是它自己不足以使法律实现如今的世俗化。在法律可能转变成'理性科学'之前，这个理性的视角必须和同样理性的分析方法结合起来"。

"成为法律的大量未经过整理的材料……被转变成为科学，这个阶段正是物理科学开始形成，而且'科学方法'也以大致相同的速度开始发展。"

伍德沃德把法律科学的发展分成四个阶段："第一，混乱的权力必须以规则的形式加以呈现（1750—1800 年）；第二，关于法律的大量事实和理论数据必须被收集（1800—1870 年）；第三，这些数据背后的原则必须被推演出来，法律科学基于真正的科学基础进行重构（1870—1930 年）；第四，也就是我们现在所到达的阶段——法律科学必须整合成为一个不断进化的'科学的科学'。"伍德沃德将朗德尔（Langdell）著名的案例发展方法视为法律原则最开始形成科学的归纳方法——"案例也是数据，真正的法律原则可以从中演变出来"——其后是教学法的方式。

伍德沃德认为，现代法律技术在美国得到的发展只是"简单地让法律——法律科学——变得更有用"。在法律现实主义旗帜下，律师开始相信"法律的真正问题是设计一种语言技术、审判技术和统计技术等。简单来说，法律的科学可以通过解决可以解决的问题进行实践"。作为结果，"在 20 世纪，法律教育从一个基于案例法的归纳科学转变为基于实践考量的应用科学"。

根据伍德沃德历史学家的角度，法律在 19 世纪从神秘的起源转向理性主导的世俗化，在 20 世纪又从科学观点转向法律技术。其他法律历史学者可能不同意伍德沃德对发展阶段的划分和解释。其他专业的历史学者无疑也发现了专业进化发展的不同阶段，并以不同的方式记录它们，用不同的方式解释了目前面临的主要专业困境。从我们这里的观点来看，我们希望再次强调伍德沃德所说的那些证实了专业早期发展的历史梗概。（1）专业的发展是宗教性质的；在它的早期形式，专业的范式浸透了宗教的价值和思想。从业者从神圣的意识形态中获取他的权威。（2）专业通过世俗化的方式发展，从宗教背景中脱离出来，发展成为理性和系统的专业知识系统。从业者的权威来自他所掌握的专业知识。（3）到 20 世纪，技术成为专业范式的主导，范式的意识形态部分开始淡出，让位于技术。埃鲁尔（Ellul）对技术的定义可以说明这个问题：

"技术世界中推理和意识的两种介入产生了技术现象,这种技术现象可以被描述成为每个领域中的最好方法。这个'最好方法'实际上就是技术的方法。这些方法的集合产生了技术公民……在每个领域,人们都在寻求发现最有效的方法……在数字统计的基础上,寻找绝对意义上的最好方法,这是一个真正的问题。"

第九章

1. 看看哲学家和逻辑学家关于确定理论的作品,以及那些可以被称为规范、模式或道义逻辑的作品,如冯·赖特(von Wright)。

2. 参见雷恩和韦斯(Rein and Weiss)的文章。

3. 威廉·施瓦茨(William Schwartz)和他的同事尝试进行一个公开的计划,在医疗诊断和治疗过程中采取数学建模研究。

4. 这里存在一个困境:这个困境的解决对于有能力的行为而言非常必要。如果处在压力下的行为要做到使每件事情都尽善尽美,那么趣味与承诺都是非常重要的。处在压力下的创造性行为让趣味与承诺同在。

5. 对于现代的专业人员而言,在价值和要求与专业相矛盾的组织中工作时,怎么才能保持对专业价值的忠贞,这是一个困境。例如,工程师在大公司中表现良好——服从所有的公司限制和要求——但很少能够与委托人建立个人关系。在本章前面提到的,规划者的高流动率可以被视为在组织内部维持专业身份的方式。

图书在版编目（CIP）数据

学习型组织的实践理论 /（希）克里斯·阿吉里斯，（美）唐纳德·舍恩著；包云波译. -- 北京：九州出版社, 2024.6

ISBN 978-7-5225-2432-0

Ⅰ. ①学… Ⅱ. ①克… ②唐… ③包… Ⅲ. ①企业管理—组织管理学—研究 Ⅳ. ① F272.9

中国国家版本馆 CIP 数据核字 (2023) 第 219896 号

Title: Theory in Practice: Increasing Professional Effectiveness by Chris Argyris and Donald A.Schon, ISBN: 1-55542-446-5
Copyright © 1974 by John Wiley & Sons, Inc.

All Rights Reserved. This translation published under license with the original publisher John Wiley & Sons, Inc.
No part of this book may be reproduced in any form without the written permission of the original copyrights holder.
Copies of this book sold without a Wiley sticker on the cover are unauthorized and illegal.

著作权合同登记号：图字：01-2024-5862

学习型组织的实践理论

作　　者	［希］克里斯·阿吉里斯　［美］唐纳德·舍恩 著　包云波 译
责任编辑	陈丹青
出版发行	九州出版社
地　　址	北京市西城区阜外大街甲 35 号（100037）
发行电话	（010）68992190/3/5/6
网　　址	www.jiuzhoupress.com
印　　刷	天津中印联印务有限公司
开　　本	880 毫米 × 1194 毫米　32 开
印　　张	9
字　　数	164 千字
版　　次	2024 年 6 月第 1 版
印　　次	2025 年 8 月第 1 次印刷
书　　号	ISBN 978-7-5225-2432-0
定　　价	56.00 元

★ 版权所有 侵权必究 ★